CITY OF CHICAGO
INCORPORATED 4th MARCH 1837
URBS IN HORTO

Hans Egon Holthusen · CHICAGO

Hans Egon Holthusen

CHICAGO

Metropolis am Michigansee

R. Piper & Co. Verlag
München Zürich

Mit 30 Abbildungen und einem Register

ISBN 3-492-02564-1

Gesetzt aus der Times-Antiqua
Gesamtherstellung: Welsermühl, Wels
Printed in Austria

I.

Dies ist die Weltstadt mit dem indianischen Namen, die einzige unter den großen Städten Amerikas, die ihren Namen nicht aus einer der Sprachen Europas importiert hat, sondern den *genius loci* darüber entscheiden ließ. Chicago: so hieß bei den Indianern ein Wasserlauf von eher bescheidenem Kaliber, an dessen Südufer, fast unmittelbar vor seiner Mündung in den Michigansee, im Jahre 1804 ein Fort Dearborn gebaut wurde, ein militärischer Stützpunkt gegen die »Wilden« mit angeschlossenem Handelsposten, angelegt an einer Stelle, wo schon die ersten, von Norden kommenden Entdecker, 130 Jahre zuvor, die Landbrücke *(portage)* zwischen dem System der großen Seen und dem Wassereinzugsgebiet des Mississippi erkannt hatten, und aufgrund seiner einzigartigen Verkehrslage dazu bestimmt, zur Keimzelle der heutigen Metropolis zu werden. Der Name wurde vom Fluß auf die Ortschaft übertragen, die sich dann also, nachdem man auf ungefähr 4000 Seelen, vorwiegend Mannsbilder, angewachsen war, im Jahre 1837 als *City* etablierte.

Jemand entwarf ein Stadtsiegel, das dann von dem ersten ordentlich gewählten Bürgermeister, einem Neuengländer namens William Butler Ogden, gebilligt wurde und noch heute in etwas abgewandelter Form in Gebrauch ist. Es zeigt in kindlich-drastischer Handschrift ein offenbar wildgewachsenes emblematisches Vielerlei: links auf einer steilen Landstufe ein aufrecht stehender und stark befiederter Indianer, der sich auf seinen Bogen stützt; rechts auf den bewegten Wassern des Michigansees ein voll aufgetakeltes Segelschiff. Als Mittelstück haben wir eine wappenschildartige Figur, zweifeldig, oben Sterne, unten gestreift, mit einer pilzartig gebündelten Korngarbe als Wappenzier. Oberhalb dieses Schildes sieht man auf einer Wolke ruhend ein nacktes Kind, das seinen Kopf in die rechte Hand stützt und altklug zurückblinzelt, und unterlegt ist das Ganze von einem mehrfach gerafften Spruchband mit der lateinischen Devise: *urbs in horto* – Stadt in den Gärten. Wer von Chicago nichts weiß, als was die europäische Chicago-Legende der letzten fünfzig Jahre zu berichten hat, der wird sich wie in den April geschickt vorkommen, wenn er das liest. Er soll sich gedulden.

Das Städtchen entwickelte sich rasch, es wuchs mit einer geradezu geisterhaften Geschwindigkeit, die nur aus der gleichzeitig stattfindenden radikalen Veränderung der wirtschaftlichen Strukturen und allgemeinen Lebensbedingungen im Zeichen der industriellen Revolution, insbesondere aus dem Umsichgreifen des Eisenbahnwesens, zu erklären ist. Sein Name wurde zum Kennwort einer mehr als stürmischen Erfolgsgeschichte, die während der mittleren und späten Dekaden des Jahrhunderts immer neue und immer gewaltigere Scharen von Einwanderern, vor allem aus Ost-, Mittel- und Nordeuropa, anzog, so daß man schon 1870, ein Jahr vor der berühmten Großen Feuersbrunst, in aller Welt von Chicago sprach, fluchte und schwärmte. Leute mit Phantasie, Leute mit geschichtlicher Witterung, ein Mann wie Otto von Bismarck zum Beispiel, damals noch preußischer Ministerpräsident, waren fasziniert. »Ich wollte, ich könnte nach Amerika fahren, und wäre es nur, um Chicago zu sehen«: so Bismarck im Gespräch mit dem amerikanischen Bürgerkriegsgeneral Philip Sheridan, der im Sommer 1870 nach Europa gekommen war, um als Beobachter die preußischen Truppen während des französischen Feldzuges zu begleiten.

Zwanzig Jahre später war aus dem Prärienest von 1837 eine selbstbewußte Millionenstadt geworden. Chicago hatte sich zur Rivalin der älteren Metropole am Hudson River hochgeschuftet, es gehörte jetzt »dazu« und behauptete eine formidable und vor allem zentrale Position innerhalb der inzwischen weitgehend ausgereiften Industriegesellschaft »U.S.A.«. Auch hatte es nach der Brandkatastrophe von 1871 in aller Welt Sympathien gefunden, und eine Flutwelle von Hilfsbereitschaft hatte sich um seinetwillen erhoben. Sein Name hat sich dennoch niemals ganz domestizieren lassen. Etwas Unvertrautes, etwas nicht ganz Geheures ist ihm anhängend bis heute, und bestimmte Episoden in der Geschichte der Stadt scheinen ein leises Gefühl des Grauens, das sich für viele Europäer noch immer mit ihm verbindet, zu rechtfertigen. Läßt er sich nicht übersetzen?

Natürlich weiß man ungefähr, was »Chicago« heißt, aber man weiß es nicht im Sinne einer strikt eindeutigen Antwort. Drei mögliche Bedeutungen bieten sich an: Skunk, wilde Zwiebel und das Äquivalent von »gewaltig«. »Platz der Skunks«, »Fluß mit dem Geruch wilder Zwiebeln«: so hat Carl Sandburg, der hünenhafte, schwedenstämmige Lyriker, Verfasser der *Chicago Poems* von 1915 und einer vierbändigen Lincoln-Biographie, den Ort bezeichnet, wo alles begann. Sandburg, der klassische Barde der »Windigen Stadt«, Sohn eines Eisenbahnarbeiters, der nicht schreiben konnte und vierzehn Cents in der Stunde verdiente. Ein Autor, der in der massierten Willenskraft einer aus aller Welt zusammengelaufenen Robotergesellschaft das prometheische Genie, im Rauhbeinig-Vulgären das Grandiose, in Schweiß, Blut und Tränen eines vielsprachigen Proletariats den politischen Auftrag des neuen Jahrhunderts, aber auch das dichterische Thema seines Lebens erkannt hatte:

Schweinemetzger für die Welt.
Werkzeugmacher, Weizenstapler,
Spieler mit Eisenbahnen und Frachtenverteiler der Nation,
Stürmisch, rüde, lärmerfüllt,
Stadt der breiten Schultern.

City of the Big Shoulders. So der Anfang eines seiner bekanntesten Gedichte, den jeder nicht ganz ungebildete Lokalpatriot auswendig weiß. Ähnlich emphatisch hat Walt Whitman, zwei Generationen vor Sandburg, über New York – *Mannahatta* – geschrieben, aber doch nur gelegentlich und nicht mit einer so ausschließlichen Anhänglichkeit, ja Besessenheit, wie sie für Sandburgs Verhältnis zu »seiner« Stadt bezeichnend ist. In der Tat würde keine andere Stadt des Landes von sich sagen können, was ausgerechnet Chicago, das übelbeleumundete, scheinbar so verzweifelt unmusische Chicago, für sich beanspruchen darf: daß es in einem Dichter von erstrangiger Statur den kongenialen Rhapsoden gefunden hat, den Sprecher des »gemeinsamen Geistes« und Beschwörer der gemeinsamen Not.

Sandburg hat bis 1967 gelebt, ist nahezu neunzig Jahre alt geworden, und nach seinem Tode hat die Stadt eine der eindrucksvollsten Leistungen der *slum-clearing*-Politik der sechziger Jahre, einen geschlossenen Wohnkomplex aus Hochhäusern, Spiel- und Rastplätzen und eleganten Reihenhäusern *(town houses)* an der *Near North Side,* auf seinen Namen getauft: *Carl Sandburg Village.* Ein nobles Denkmal für einen der erfreulichsten Amerikaner seiner Zeit, und gewissermaßen auch ein sehr angemessenes, denn schließlich war er zeitlebens ein leidenschaftlicher Anwalt derer, die immer noch in den Slums leben müssen, ein sogenannter »Radikaler« war er sein Leben lang.

II.

Wer sich, von Europa kommend, im Flugzeug nähert, muß weit nach Norden ausholen: Island, Grönland, Labrador – aber damit ist man auch schon auf Südwestkurs gegangen, um zunächst die kanadische Provinz Quebec zu überfliegen, eine Zeitlang parallel zum St.-Lawrence-Strom, und schließlich auf einer langen, tief hinabstoßenden Zielgeraden O'Hare, Chicagos internationalen Flughafen, zu erreichen.

O'Hare ist der »größte«, will sagen verkehrsreichste Flughafen der Welt: fast 48 Millionen Fluggäste im Jahr (1979), mehr als hundert Starts und Landungen in der Stunde. Während des Anflugs über dem

See, den man in einer guten halben Stunde hinter sich bringt, obwohl er eigentlich ein Meer ist, ein salz- und tangloses Binnenmeer und anderthalb mal so groß wie die Schweiz, wird man sich möglicherweise seine Gedanken machen über den eigentümlichen Mittelpunktscharakter der Stadt. Chicago durfte sich schon 1856, weniger als zwanzig Jahre nach der Stadtgründung, als den führenden Eisenbahnknotenpunkt der Vereinigten Staaten betrachten; heute ist er der bedeutendste der Welt. Auch als Seehafen hat die Stadt schon in sehr jugendlichem Alter Karriere gemacht. Schon in den sechziger Jahren des letzten Jahrhunderts wurde sie von mehr als dreizehntausend Schiffen jährlich angelaufen, und um 1900 galt sie als der größte Binnenhafen Amerikas. Chicago als »Frachtenverteiler der Nation« war zum Inbegriff hochkapitalistischer Dynamik geworden, sein galoppierendes Wachstum und die unwiderstehliche Saugkraft seiner wirtschaftlichen Potenz, die alles an sich riß, was in der engeren und weiteren Region produziert wurde, die oft schwindelerregende Kühnheit seiner Entscheidungen, z. B. der Entschluß, dem Chicago River seinen natürlichen Abfluß in den See zu versperren, ihn durch gewaltige Drainage-Arbeiten zur »Umkehr« zu zwingen und sein Wasser hinfort über den Mississippi in den Golf von Mexico zu dirigieren: dies alles erregte das Staunen der Mitwelt. »Chicago«, so hat es damals jemand ausgedrückt, »hat die Knochen eines Giganten«.

Was noch heute an jene klassische Zeit von Chicagos »Seegeltung« erinnert, ist ein breiter, fast einen Kilometer weit in den See hinausstehender Hafendamm, genannt *Navy Pier*, der in den Jahren 1914 bis 1916 nur wenige Straßenblocks nördlich der (ehemaligen) Flußmündung gebaut wurde. Er war dazu bestimmt gewesen, den Güterverkehr innerhalb der Region in großzügigem Umfang zu modernisieren; doch scheint er diesen Erwartungen nicht recht entsprochen zu haben, da schon bald nach seiner Fertigstellung, spätestens Anfang der zwanziger Jahre, der regionale Güterverkehr mehr und mehr auf das Lastauto umgestiegen sein muß. Heute ist Chicago durch den 1959 eröffneten *St. Lawrence Seaway* direkt mit dem Atlantik verbunden. Es ist dadurch bislang noch kein zweites Rotterdam geworden. Wer den östlichen Horizont absucht, wird ihn mehr oder weniger leer finden; einzelne Frachter, die in weiter Entfernung vorüberziehen, werden die alten volksnahen Landeplätze im Downtown-Bereich rechts liegen lassen, ihr Ziel ist der *Lake Calumet Harbor* mitten im Industriegebiet von South Chicago, ein Binnenlandhafen mit unmittelbaren Eisenbahnanschlüssen, mächtigen Getreidespeichern, Öldepots usw. Die Situation dort unten gilt als unbefriedigend, da durch die Umrüstung des Frachtfernverkehrs auf Containerschiffe die alte, nur durch einen langen gewundenen Flußschlauch zugängliche Anlage ins Hintertreffen geraten ist. Der Sachzwang ist unabweisbar, und man kann Gift darauf nehmen, daß sich Unternehmer und Finanziers finden werden, die ihn meistern werden. Ein hochmoderner Landeplatz für Containerschiffe, unmittelbar an *Lake Michigan* gelegen, muß her.

Ist Chicago der Nabel der Welt? Die statistischen Höchstwerte sind hier an der Tagesordnung, und mit den statistischen verbinden sich die rhetorischen, mit den rhetorischen die Großsprechereien des Werbewesens auf denkbar zwanglose Weise. Also nicht nur das tatsächlich höchste Gebäude der Welt, den 1974 fertiggestellten *Sears Tower,* auch beispielsweise die belebteste Straßenecke des Planeten, die beste Tageszeitung unter der Sonne – so jedenfalls, als *The World's Greatest Newspaper,* hat sich das älteste Morgenblatt der City, die erzkonservative *Chicago Tribune,* gut 130 Jahre lang täglich von neuem seinen Lesern vorgestellt, erst Anfang 1977 hat man das aufgegeben –, aber auch das größte Hotel, das beste Symphonie-Orchester und warum nicht auch das feinste Restaurant der Welt würde man, wenn man Chicago begreifen will, nirgendwo anders suchen dürfen als in Downtown-Chicago. Noch in ihren historischen Katastrophen findet das Selbstgefühl dieser Stadt eine Quelle der Genugtuung, wenn sie nur groß genug waren, alles Vergleichbare zu überbieten. So soll das Große Feuer von 1871 – über hunderttausend Obdachlose! – mindestens zweimal soviel bewohntes Areal vernichtet haben wie die beiden berühmteren Großbrände von London (1666) und Moskau (1812) zusammengenommen.

Gewiß liegt es nahe, vielleicht allzu nahe, diese Neigung zum Auftrumpfen und Großtun aus dem ständig nagenden Unterlegenheitsgefühl gegenüber dem größeren und angeseheneren New York zu erklären, aber damit hätte man sich auf ein äußerst heikles psychologisches Problem eingelassen, das nicht mit zwei Worten zu erledigen ist. Man ist nur die »Zweite Stadt« im Lande, das ist wahr; man hat diesen Namen akzeptiert, ja man hat ihn sich zugelegt, aber auf eine Weise, die es auch wieder offenläßt, ob man ihn wirklich akzeptiert. Gern erinnert man sich hier an ein Team von brillanten Schauspielern, das Ende der sechziger Jahre eine Zeitlang mit kabarettistischen Programmen nach europäischem Muster, aber in amerikanischer Manier, von sich reden machte. Es nannte sich *The Second City* und stand doch alsbald in dem Geruch, das beste Unternehmen seiner Art im ganzen Lande zu sein. Man kann ja das Wort von der *Second City* auch im Ton einer ironischen Tiefstapelei aussprechen, und dazu ist man in Chicago immer gern bereit, und nicht nur unter Komödianten und Witzemachern. Als beispielsweise die glamouröse, aber inflationsgeplagte Nummer Eins unter den entsetzten Augen der Welt trotz so tüchtiger Stadtoberhäupter wie John Lindsay und Abraham Beame von Jahr zu Jahr »unregierbarer« wurde, als durch wilde Müllfahrerstreiks Manhattan im eigenen Dreck zu ersticken drohte und schließlich, Ende 1975, etwas so Unvorstellbares wie der totale Bankrott der Stadtfinanzen vor der Tür zu stehen, ja sich schrittweise schon zu verwirklichen schien: wie erstklassig schnitt, verglichen damit, das zweitplacierte Chicago ab: *the City that works,* eine Stadt, die funktionierte! So damals Richard J. Daley, der erst kurz zuvor, im Frühjahr 1975, zum sechsten Male mit triumphaler Mehrheit zum Bürgermeister von Chicago gewählt worden war.

Dieser Daley, Mayor Daley, auch *Mr. Chicago* oder – im Volkston – *duh mare* (für: *the Mayor*) genannt, Inhaber eines Amtes, das er in mehr als zwei Jahrzehnten, von 1955 bis zu seinem plötzlichen Herztod am 20. Dezember 1976, durch ein meisterhaft ausgebautes System von politischen Befugnissen, Sympathien, Abhängigkeiten und (unbedingten) Loyalitäten zu einer Position von beispielloser Autorität und Machtfülle entwickelt hatte: schon bei Lebzeiten war er eine (nationale) Legende. Daley, das irisch-katholische Vollmondgesicht, Boß der Bosse, Königsmacher und Graue Eminenz der Demokratischen Partei: Gouverneure, Kongreßmänner, Industriegewaltige und Gewerkschaftsführer gingen ihm um den Bart, alle Präsidentschaftskandidaten der eigenen Partei, von Adlai Stevenson über Kennedy und Johnson bis zu Jimmy Carter mußten sein Plazet haben, wenn sie sich durchsetzen wollten. Fernsehreporter behandelte er wie lästige Straßenköter (und auch darin lag noch etwas – auf beiden Seiten – Kalkuliertes, da in Chicago eben nichts als so telegen empfunden wurde wie das chaotische Ende einer Pressekonferenz mit einem blaurot angelaufenen Daley, der dreiste Fragesteller mit dadaistisch bellenden Verwünschungen zu Paaren trieb), aber vor Priestern ging er in die Knie. Ein Kardinal zelebrierte das Totenamt für ihn, während die Großen des Landes von Carter bis Rockefeller ihm die letzte Ehre erwiesen, und aus priesterlichem Munde vernahm man allerlei nekrologisch Verbrämtes über dies politische Urgestein von einem Mannsbild, demzufolge sein Wesen nichts als Liebe gewesen war, Liebe zu Gott, zu den Seinen und zu »seiner Stadt«, und »ganz weit unten auf der Liste seiner Prioritäten« habe auch die Macht ihm wohl ein bißchen bedeutet.

»Seine Stadt«, sagte die Stimme, und damit hatte es weiß Gott seine Richtigkeit. Er kam aus der Gegend der Schlachthöfe im »mittleren Süden« der Stadt (und war stolz darauf); bis zuletzt bewohnte er eine Art Bungalow in einer weißen, vorwiegend aus Kleinbürgern und Arbeitern zusammengesetzten Nachbarschaft, und vermutlich war es gerade diese Herkunft von der »Basis«, was ihm die Chance gab, auf derartig überzeugende Weise zum Herrn von Chicago aufzusteigen, daß man ihn überall im Lande als den idealtypischen Repräsentanten eines Gemeinwesens betrachten konnte, das sich selbst als ein »faszinierendes Laboratorium menschlicher Tatkraft« (PR-Text der Stadtverwaltung) verstehen will. So kam es, daß eine ganze Epoche der Stadtgeschichte ihm zugeschrieben und alles in gemeinsamer Anstrengung Geleistete auf sein persönliches Konto gesetzt wurde. Was immer in den fast 22 Jahren seiner Herrschaft gebaut, bewirkt, entwickelt worden war, das hatte er, Daley, gebaut, bewirkt, entwickelt.

O'Hare gilt als »sein Werk«. Als Straßenbau-Stratege hat er Tatsachen geschaffen, die, vom Flugzeug aus gesehen, wie der graphische Ausdruck einer enormen organisatorischen Begabung erscheinen können: ein System von acht- bis zehn- und mehr als zehnspurigen Stadtautobahnen *(expressways)*, die teils von Westen her durch die ganze Tiefe der Chicagoer »Rückseite« bis dicht an den Stadtkern herangeführt sind, teils in nordsüdlicher Richtung, parallel zum Seeufer, das Stadtgebiet durchschneiden. *Slum-clearing* und »Stadterneuerung« an vielen Stellen der City müssen zu seinen Gunsten verbucht werden. Hunderte und Aberhunderte von Millionen wurden in den sozialen Wohnungsbau *(public housing)* investiert und zeugen von seiner Energie in seinem hartnäckig-nüchternen, nicht enden wollenden Kampf gegen das Elend, der doch – das sind die grimmigen Ironien der Politik – von seinen Gegnern zuzeiten geradezu als ein Kampf gegen die Elenden ausgelegt worden ist, z. B. als nach der Ermordung Martin Luther Kings im April 1968 in den schwarzen Gettos des Westens der Aufruhr losbrach und Daley mit seinem ominösen Schießbefehl – *shoot to kill* – gegen Brandstifter Schlagzeilen machte.

In einer heruntergekommenen Gegend südwestlich vom Stadtzentrum baute »er« in der zweiten Hälfte der sechziger Jahre eine ganze Universität für zwanzig- bis dreißigtausend Studenten, die Chicagoer Filiale der Staatsuniversität von Illinois. Diese Zweigstelle verschlang beiläufig ihre zweihundert Millionen: ein extrem künstliches Arkadien aus Beton, Glas und Ziegelstein, mehr als zwanzig Bauten und Anlagen mit einem offenen Amphitheater in der Mitte, ein Campus fast ganz ohne Grün. Man nannte ihn *Circle Campus,* und das tat man im Hinblick auf den nahe gelegenen Treffpunkt dreier Autobahnen (*Eisenhower, Dan Ryan* und *Kennedy* genannt), wo in einer ständigen gewaltigen Kreisbewegung der Massenverkehr aus drei Himmelsrichtungen aufgefangen und gesteuert wird: gewiß die einzige Universität der Welt, die nach einer Straßenkreuzung benannt worden ist.

Dies alles aber muß man sich ergänzt und »symbolisch« überhöht denken durch eine Reihe von architektonischen Ruhmestaten, die im Bereich der *downtown area* und an der Seefront, der Schauseite der Stadt, das Himmelsprofil Chicagos etappenweise verändert, d. h. durch neue abenteuerliche Akzentsetzungen gesteigert hat. Waren es 1964 die *Marina Towers,* ein 62stöckiges Zwillingspaar von zylindrisch gerundeten Wohn- und Parkhaustürmen, die durch den progressiven Elan ihrer Formensprache den Ruf eines »neuen« Chicago in die Welt hinaustrugen, so wurde schon fünf Jahre später dieser Wahrzeichen-Charakter – nach Art eines Wanderpokals – auf das eben fertiggestellte *John Hancock Center* übertragen, das sich – genau einhundert Stockwerke hoch – am nördlichen Ende von Chicagos Prachtstraße, der (nördlichen) Michigan Avenue, erhebt. Wieder ein Gebilde von unverwechselbarer Eigenart: nach oben und nach innen sich ständig verjüngend und mit einem gigantischen Muster von senkrechten und X-förmigen Stahlelementen gezeichnet, ein Bauwerk, das über sich selbst noch hinauszugreifen scheint, indem es zwei Antennenmasten wie Fühler in den Himmel streckt. Etwas Horchendes, Witterndes liegt darin, das Auge kommt wieder und wieder darauf zurück, und eine neue »Persönlichkeit« unter Chicagos Wolkenkratzern ist entdeckt.

Das *Hancock Center* war bei seiner Vollendung das zweitgrößte Gebäude der Welt, nur noch das *Empire State Building* in New York, das weltberühmte, war ihm über. Schon im Jahre 1970 wurden beide durch die Errichtung des doppeltürmigen *World Trade Center* im Süden von Manhattan auf die Plätze zwei und drei verwiesen. Dann aber holten Daley und seine Leute zu einem wahrhaft fürchterlichen Gegenschlag aus. Eine Art Achtes Weltwunder war es, was man sich vorgenommen hatte, ein Monument berserkerhafter Willenskraft, mit dem die Hauptstadt des mittleren Westens allem, was jemals in ihren eigenen Grenzen (oder anderswo) gebaut worden war, die Schau stehlen würde. Man baute vier Jahre daran, und als das Richtfest gefeiert wurde, erschien der Mayor im Overall, mit einem Arbeiterhelm angetan, auf dem die Namen Daley und Sears zu lesen waren, und setzte seine Unterschrift auf einen sogenannten »letzten Balken«, den man für ihn aufgehoben hatte. *Sears Tower* stand, mit 110 Stockwerken und 443 Metern das höchste Gebäude der Welt.

Zwei Jahre später, nur wenige Monate vor seinem Tode, empfing Daley das japanische Kaiserpaar und zeigte ihm bzw. ließ ihm zeigen – denn sein Terminkalender war, wie immer, dicht besetzt –, was in Chicago und der *Metropolitan Area* zu bewundern war. Der Kaiser machte einen vornehm verschüchterten Eindruck, während Daley, ohne auch nur im geringsten das Protokoll zu verletzen, eine vollkommen unerschütterliche Désinvolture ausstrahlte, die niemanden ermutigen konnte, sich etwa über die Frage, wer sich hier wem und aus welchen Gründen überlegen fühlte, laute Gedanken zu machen. Was ihn, Daley, anging, so hatte sich für ihn das *Second-City-* Syndrom ein für allemal erledigt. Er fühlte sich, so darf man vermuten, als Doge der mächtigsten Stadtrepublik der Welt.

Übrigens war er keineswegs der erste Bürgermeister von Chicago, der so dachte. Als im Jahre 1860 der damals achtzehnjährige Prince of Wales, der spätere Eduard VII., Thronfolger des britischen Weltreiches in seiner Sünden Maienblüte, auf seiner ersten Reise in die Neue Welt auch nach Chicago kam, wurde er von dem damaligen Stadtoberhaupt Long John Wentworth, dem ersten legendären »starken Mann« an der Spitze der Stadtverwaltung, geziemend empfangen und bewirtet und scheint sich wohl gefühlt zu haben. Als nach Eduards Abreise der Gastgeber gefragt wurde, was es für ein Gefühl gewesen sei, neben dem künftigen König von England zu sitzen, da gab er die Antwort, die auch einem Daley hätte einfallen können: »Nicht ich habe neben dem Prinzen gesessen. Er saß neben mir.«

III.

Chicago und was dazu gehört – und dazu gehört nicht nur die über sechs »Grafschaften« (Kreise) verteilte *Standard Metropolitan Statistical Area,* sondern auch das südlich anschließende Industriegebiet von East Chicago, Hammond und Gary – erstreckt sich mehr als sechzig Meilen oder rund hundert Kilometer weit am See entlang: eine »Ballungszone«, die trotz krassester Gegensätze (und trotz der westlich von East Chicago verlaufenden Staatsgrenze von Illinois) eine wirtschaftliche und demographische Einheit bildet und von beinah acht Millionen Menschen bewohnt wird. Ein hundert Kilometer langes Hochleistungsaggregat, so könnte man es nennen, das an seiner östlichen Flanke die weite, riesig leere Wasserfläche hat, einen endlosen Vorrat an Frische, Wasser und Wind, eine einzigartige ökologische Entlastung. Im Südosten finden wir die Stahlwerke von Gary, Indiana, von denen es heißt, daß sie im Zweiten Weltkrieg mehr Stahl hergestellt hätten als sämtliche Hochöfen des Ruhrgebiets zusammengenommen, und auch heute noch – wir nehmen es seufzend zur Kenntnis – gilt die Werkstättenlandschaft an der Südspitze des Sees als führend unter den stahlproduzierenden Industriezentren der Welt.

Im Norden und Nordwesten breitet die weiße, besitzbürgerliche *suburbia* sich aus, je näher am See, desto teurer und eleganter. Das beginnt mit dem gelehrten Evanston, dem Sitz der Northwestern University, der 1855 eröffneten ältesten Hochschule im Weichbild von Chicago, zugleich Hauptquartier einer ganzen Reihe von nationalen Organisationen akademischen, pädagogischen und kirchlichen Charakters, und zieht sich über eine Kette von klingenden Ortsnamen bis hinauf nach Highland Park und Lake Forest, wo es bis zur Grenze nach Wisconsin nicht mehr weit ist. Hier ist das schwere Geld zu Hause und das gesellschaftliche Prestige, hier lebt man hinter aufwendigen Fassaden, an breiten, baumreichen Alleen; je weiter man nach Norden vordringt, desto deutlicher wird das Gefühl, daß hier »alles« als Privateigentum der *happy few* zu betrachten ist, der hochstämmige Wald, der feinkörnige weiße Seestrand nicht weniger als die feudalen Residenzen, die sie sich für sechsstellige Dollarbeträge haben bauen lassen.

Dies *Greater Chicago* liegt knapp südlich des 42. Breitengrades, etwa auf der Höhe von Rom. Sein Klima könnte man »kontinental« nennen, womit man das Grundsätzliche, aber noch nicht das Einmalig-Lokale getroffen hätte. Die Statistik meldet Durchschnittswerte, die gar nicht mal so aufregend sind, aber in Chicago sind es natürlich die Extreme, die man charakteristisch findet. Im Sommer die Hitzeschocks mit tropischen Temperaturen, feuchtheiße Stickluft, Gewitter wie Naturkatastrophen. Im Winter kommt die Heimsuchung direkt aus dem kanadischen Archipel. Es fehlt das Gebirge zwischen Hudson Bay und Michigansee, das den arktischen Eishauch aufhalten könnte; der See wirkt wie ein weit offener Korridor zur Stadt, gleichzeitig dämpft er die Attacke. Sein Ufer verändert sich auf abenteuerliche Weise, meist erst Mitte bis Ende Januar, manchmal aber auch schon im späten Herbst. Manns- und übermannshohe Böschungen entstehen, aus Schnee und Eis und Sand zusammengebacken; vergletschertes Land schiebt sich breit, weiß, unwegsam nach Osten hinaus in die Flut. Neue Grenzverhältnisse zeichnen sich ab, Randfiguren, Landschaftsmodelle, die der Winter in spielender Laune entworfen hat, um sie ein paar Wochen lang gelten zu lassen, bis der erste anhaltende Tauwind sie wieder auslöschen wird: Klippen, Kaps und Grotten aus Eis, kleine poetische Buchten aus blankem Eis, in denen das Wasser leise schaukelt und gluckst.

Meist lebt man hier unter weit offenem Himmel, Bewölkung hält sich nie sehr lange, selbst an den grimmigsten Wintertagen, wenn der See unter ausgedehnten Eisfeldern allmählich zu erstarren scheint, muß man die Augen vor der Sonne schützen, so gleißend grell brennt sie herunter, und Sonnenuntergänge gibt es wie in Kinderbilderbüchern, brandrot, indianerrot und fernwehkrank: ein Pendant in Farben zu dem wilden, orgeltiefen Brunstgeschrei altamerikanischer Wildwestlokomotiven, wie man es immer noch, Abend für Abend, zu hören bekommt, wenn die riesenhafte Diesellok der Bahn nach Milwaukee – *Chicago and North Western* – die Stadtgrenze hinter sich läßt und auf Touren kommt. Licht, überhelles Licht, das Zwischentöne nicht gelten läßt, das ist die eine

Konstante; die andere ist der Wind. Wind zu allen Jahres- und Tageszeiten, aus allen Himmelsrichtungen: Wind in Böen, als plötzlicher atmosphärischer Wutanfall, als ein steifes, gleichmäßiges, bärenstarkes Blasen von Westen oder als großer Auftritt und Sturmangriff aus dem Osten, wenn im Frühwinter der See zu tanzen und zu toben beginnt, Uferpromenaden und Steinwälle überflutet und kleinere Bäume mit zwei, drei erstklassigen Brechern in gläserne Phantasiegebilde verwandelt.

Wen kann es – unter solchen Umständen – wundern, daß die Stadt im ganzen Lande als ein windiges Pflaster verschrien ist? *The Windy City,* sagen die Leute, wenn sie von Chicago sprechen, und auch diesen ihren zweiten Spitznamen hat sich Chicago mit gelassenem Selbstbewußtsein an den Hut gesteckt, wohl wissend, daß es nicht allein die buchstäblichen Wetterverhältnisse sind, was die Leute meinen. Es war im Jahre 1890, als sich vier große amerikanische Städte, darunter New York und Chicago, darum bewarben, die für 1892 geplante »Columbianische« Weltausstellung (anläßlich des vierhundertjährigen Jubiläums der Entdeckung der Neuen Welt) ausrichten zu dürfen. Chicago hat damals mit einigem Glück, durch seine sprichwörtliche Energie und seine massiven finanziellen Anstrengungen die drei Konkurrenten aus dem Felde schlagen können und eine bis heute unvergessene Superschau zustande gebracht, die (1893) von nahezu dreißig Millionen Menschen besucht wurde und im Stadtbild bleibende Spuren hinterlassen hat. Aber bevor es dazu kam, mußte es sich auf die niederträchtigste Weise beschimpfen lassen, und zwar öffentlich, und zwar – wo denn sonst? – in New York. Öffentlich wurde damals das Publikum in der Zeitung *New York Sun* dazu aufgefordert, Chicago nicht ernstzunehmen, wörtlich: »den unsinnigen Ansprüchen dieser windigen Stadt keine Aufmerksamkeit zu schenken«.

Die Stadtchronik behauptet, daß dies hier der originale Text sei, den alle zitieren, wenn sie die windige Stadt als solche bezeichnen. Windig? Nun, »windig« kann eben, genau wie im Deutschen, auch im Sinne von eitel, leer, aufgeblasen gebraucht werden, und das hat hier offenbar jemand sagen wollen, und es wäre dann, wie Figura gezeigt hat, ein äußerst windiger Vorwurf gewesen. Aber »windig« kann auch – zweite Version! – noch ein wenig anders verstanden werden: als Anspielung auf eine gewisse Unbedenklichkeit der politischen Sitten und geschäftlichen Methoden im Milieu der dynamischen Persönlichkeiten *(boosters)* von Chicago, wie sie gerade in jenen frühen neunziger Jahren auch von der ortsansässigen Presse mit drastischen Worten geschildert worden sind. »Windig« dann also im Sinne von äußerst turbulent (moralischerweise), fünf gerade sein lassen, aus der Hüfte schießen usw. »Windig« wäre dann das Wort für die Moral des *anything goes* (alles ist erlaubt), durch die sich die Stadt schon in jungen Jahren, schon vor dem Großen Feuer, eine nicht ganz geheure Attraktivität verschafft hat und die noch heute überall, wo man von Chicago nichts kennt als seine Legende, für einen seiner wesentlichsten Charakterzüge gehalten wird.

IV.

Chicago gibt es viele Male. Es gibt das polnische, das griechische, das irische, das deutsche und das schwedische Chicago, genannt Andersonville. Was einmal als »Schmelztiegel« der Völkerschaften gedacht werden konnte – und das gilt für alle großen Metropolen des Landes –, das will heute, ganz im Gegenteil, als pluralistische Vielvölkergesellschaft verstanden werden, als ein lose gefügter Dachverband von »ethnisch« bestimmten Kolonien und Enklaven. Andererseits läßt es sich auch wieder nicht leugnen, daß dies ganze überaus komplizierte Mit- und Gegeneinander der Volksgruppen nach wie vor in unaufhörlicher Bewegung und Verwandlung begriffen ist. Die Tendenz zur Abgrenzung gegen andere wird durchkreuzt und praktisch immer wieder außer Kraft gesetzt durch den elementaren Veränderungsdrang eines Menschenschlages, eben des *homo Americanus,* der mit extrem lockeren Sohlen auf die Welt gekommen ist. Das setzt sich fest und wandert wieder ab, bildet Schwerpunkte und fließt wieder auseinander, das gründet neue »Heimaten« und behauptet unter Landsleuten seine »ethnische Identität« (sagen wir: Deutsche): früher oder später wird man unterwandert bzw. überlaufen sein; andere werden kommen und ihre Chance suchen, werden hängenbleiben und neue »Nachbarschaften« bilden, sagen wir: Griechen, Latinos, Schwarze. Wo einmal *Pilsen* war, ein einheitlich bevölkertes Wohngebiet, südwestlich vom Zentrum gelegen und so dicht besetzt, daß hier um 1910 die »drittgrößte böhmische Stadt der Welt« sich rühmen konnte, Chicago zu heißen, dort wird heute vorwiegend spanisch gesprochen. Ein Gebilde, das sich *La Villa Chiquita* nennt, von anderen *Little Village* genannt wird, dreizehntausend Menschen, sechzig Prozent Mexikaner, hat sich dort formiert und wird als Oase geordneten Lebens in sonst weitgehend verödeter Gegend gepriesen.

Weit östlich davon und nicht allzu weit vom See-Ufer entfernt muß man sich die ehemals goldenen Baugründe der *Near South Side* denken, wo in den siebziger und achtziger Jahren des ersten Chicagoer Jahrhunderts die reichsten Familien der Stadt, die Pullmans, die Armours, die Rothschilds, die Fields usw., ihre Residenzen hatten: Prairie Avenue zwischen 19. und 23. Straße. Heute ist dort »nichts« mehr, nichts als ein paar Überreste von damals – darunter das berühmte *Glessner House* von 1885, heute Sitz einer architekturgeschichtlichen Gesellschaft und Ausflugsziel für Schulklassen –, sonst nichts wie Randstein, leere Fahrbahnen, totes graugelbes Gras, zusammengewehter Dreck, Stadtsteppe, Niemandsland. Was die »großen« Familien angeht, so sind sie schon vor langer Zeit über den Fluß in den Norden gegangen, schon vor der Jahrhundertwende, und haben sich an der Seefront zwischen Oak Street und North Avenue, zehn bis sechzehn Blockbreiten nördlich der Stadtmitte, neue Wohnsitze gesucht, und aus dieser Niederlassung hat sich dann im Laufe von mehr als achtzig Jahren eine der glanzvollsten Häuserzeilen des Landes entwickelt. Vorwiegend Hochhäuser mit eigenen Tiefgaragen, aber auch einiges an älterem Baubestand im Stile vom *mansion* oder *château*: die Leute nennen es die Goldküste von Chicago.

Es gibt eine alte Faustregel, betreffend die Soziologie dieser Stadt, derzufolge »der Norden« weiß und wohlhabend, »der Süden« schwarz und arm ist. In Wahrheit verhält es sich heute so, daß die Lage in einer Reihe von Bezirken des Westens, in West Town, Humboldt Park, vor allem im schwarzen Getto von Austin – an der Grenze zur Industrievorstadt Cicero – deprimierender ist als irgendwo sonst, daß aber auch das weit nördlich und östlich gelegene (überwiegend weiße) Uptown zu den Notstandsgebieten gerechnet werden muß; selbst an der *Near North Side,* nur wenige Straßenblocks westlich der Goldküste, werden Tausende von Wohlfahrtsempfängern gezählt. Und doch ist für die Leute von Chicago »der Süden« ein Signalwort geblieben, etwas wie ein Sammelbegriff für das »andere«, das schwarze, kaputte, unselig darniederliegende Chicago, und das hat seinen historischen Grund ganz einfach darin, daß die Schwarzen aus dem Süden, dem »tiefen Süden«, des Landes gekommen sind und sich an der Südseite der Stadt, im sogenannten Schwarzen Gürtel, zuerst festgesetzt haben. Schon um die Mitte der zwanziger Jahre gab es dort mehr als achthunderttausend Afroamerikaner.

Der Süden in diesem Sinne beginnt schon unmittelbar jenseits der *Near South Side,* die heute weithin als urbanistisches Brachland gilt. Sieht man die Dinge von Hyde Park aus, einem noch weiter südlich gelegenen und wieder vorwiegend weißen Wohnbezirk, der den Vorzug hat, Standort der allerseits respektierten University of Chicago zu sein, so beginnt jenes »andere« Chicago, das niemand gern besucht, der nicht dorthin gehört, erst jenseits von *Midway Plaisance,* einer breiten, von zwei Autostraßen durchschnittenen Grünzone zwischen 59. und 60. Straße. Dies Jenseits heißt Woodlawn und steht in dem Ruf, ein soziales Desaster zu sein. »Brandige Gegend«, sagen die Leute: *blighted area.* Eben noch schlürfte man die elegisch-komfortable Heimwehstimmung in den schönen, weiten, tudorgotischen Innenhöfen der Universität. Das gefeierte *Robie House* in der 58. Straße hat man besucht, ein frühes Meisterwerk von Frank Lloyd Wright aus dem Jahre 1909, und nicht weit davon vielleicht auch die »Kernenergie« von Henry Moore, eine Bronzeskulptur, die daran erinnern soll, daß an dieser Stelle unter den Sitzbänken eines Football-Stadions im Dezember 1942 dem italienischen Physiker Enrico Fermi die erste kontrollierte Kettenreaktion, d. h. der »Durchbruch ins atomare Zeitalter«, gelang. Von dort bis Woodlawn ist es nicht mehr als ein Katzensprung, und doch ist Woodlawn von Hyde Park weiter weg als Alaska. Gäbe es *Midway Plaisance* nicht, eine immer noch eindrucksvolle Hinterlassenschaft aus den Tagen der Weltausstellung von 1893 (seinerzeit als westöstliche Auffahrtsallee gedacht, die, von künstlich angelegten Lagunen flankiert, ins Zentrum der Ereignisse führen sollte, nach *Jackson Park*), gäbe es sie nicht, so würde es hier nackt und kraß zutage liegen, daß die Stadt mit sich selber nicht zusammenhängt.

Du starrst auf leere Grundstücke, die mit Splittern übersät in der Sonne glänzen. Brandlöcher starren zurück, ausgeblasene Fenster von ehemals »bürgerlichen« alten *brownstone*-Häusern, die man aufgegeben, dann mit Feuer »ausgeweidet« hat; eine geplatzte Matratze auf dem Pflaster. Berühmt und auf eine unheimliche Weise attraktiv ist die 63. Straße, die unterhalb der Hochbahn mit Hallo und Gejachter und immer mit den Zügen der *City Transit Authority* um die Wette bis zur Endstation Jackson Park nach Osten läuft: eine Endstation, die einen mit erschreckender Plötzlichkeit hoch oben in der Luft an die Luft setzt, von wo man sich dann auf eisernen Stiegen wie auf Feuerleitern nach unten zu bemühen hat. Das muß einmal die Downtown-Achse von Woodlawn gewesen sein: Einkaufsstraße mit Restaurants und Nachtlokalen, Ladenkirchen und kleinen Hotels, und noch in den dreißiger Jahren muß es hier so hinreißend lebendig, exzentrisch, grell und fidel und dixieländisch zugegangen sein, daß man damals diese Dreiundsechzigste zur »amerikanischsten Straße Amerikas« erklären konnte (Thornton Wilder). Heute findet man das *Rote Strumpfband* ausgebrannt und mit Brettern vernagelt, findet *Chez Olina's* ausgebrannt und mit Brettern vernagelt. Gleich daneben die *Humble Star Church of Christ* (die »Demütige-Stern-Kirche-Christi«) eines Bischofs Harvey, vielleicht eine umgebaute Wechselstube oder Münzwäscherei, und man glaubt es ihr anzusehen, daß sie floriert. Schnapsläden, Pommes-frites-Küchen, auch das. Eine Kopfleiste, die im Leeren hängt, behauptet in verwackelten Buchstaben, der Tod, jawohl der Tod sei der Sünde Sold. Gegenüber ein Autowrack, das sich quergestellt hat, reifenlos, vom Feuer zerfressen.

Im »Süden« leben heißt: schlechte Chancen, noch immer,

schlechte Jobs, schlechte Moral, ungewöhnlich hohe Arbeitslosigkeit, vor allem unter den jungen Leuten, ein Danaidenfaß des Ungenügens, allen unbestreitbaren Errungenschaften der Bürgerrechtsbewegung zum Trotz. Aber es heißt auch, daß man hier die historische Stunde in den Knochen fühlt und den Rückenwind der afrikanischen Befreiung zwischen den Schultern. Der »Süden« hat das Getto gesprengt, er ist in die Institutionen eingedrungen: die Universitäten, Zeitungen, Fernsehstudios und in City Hall, seine jungen Leute haben die *State Street,* Chicagos Haupt- und Staats- und Einkaufsstraße, erobert, die großen alten Uraufführungskinos der Innenstadt besetzt. Auf der *State Street* wird mehr und mehr »schwarzes Englisch« gesprochen, eine merkwürdig federnde, schwingende, schlingernde Mundart, die etwas enorm Sanguinisches, sprühend Vergnügtes hat, die aber auch als herausfordernd, ja aufreizend empfunden werden kann und – soll: sie ist ein Mittel, sich gegenüber anderen ausdrücklich zu »identifizieren«. *State Street,* sagen die Leute, ist schwarz geworden.

V.

Die Innenstadt, genauer: die Kernzone der Innenstadt, wo die Zentren der politischen, wirtschaftlichen und kommerziellen Macht versammelt sind, nennen sie *The Loop*: die Schlinge oder Schleife, und diese Schleife ist es, die das ganze enorm weitläufige und buntscheckige Lebewesen Chicago beherrscht und zusammenhält. Dieser Bezirk umfaßt ungefähr 35 Blocks. Im Norden und Westen begrenzt ihn der Fluß, im Osten die Michigan Avenue, die Champs Elysées von Chicago, die vorzeiten einmal Uferstraße war, heute hat sie östlich von sich reichlich festes (aufgeschüttetes) Land, mit Eisenbahn- und Parkanlagen und Spielraum für alles mögliche, bis hinüber zur heutigen See-Uferstraße *Lake Shore Drive.* Innerhalb dieses Bezirks läßt sich ein rechteckiger, an den Ecken leicht gerundeter Komplex unterscheiden, der sechs Nord-Süd-Straßen weit von Westen nach Osten und acht Querstraßen weit von Norden nach Süden reicht und von einer der wunderlichsten Verkehrseinrichtungen des Säkulums eingerahmt wird: kreisend und schleifend, dröhnend und funkenstiebend, ein permanentes Höllenspektakel auf einem stämmigen, die ganze Breite der Straße überspannenden Gerüst, dreht hier die schon erwähnte Chicagoer Hochbahn *(Elevated),* kurz »El« genannt und »L« geschrieben, ihre Runden: von der Lake Street (West–Ost) zur Wabash Avenue (Nord–Süd), zur van Buren Street (Ost–West) und schließlich zur Wells Street, die den kurzen Zug wieder nach Norden lenkt, so daß die »Schleife«, nach der das Viertel seinen Namen hat, sich vollendet. Dies achterbahnähnliche Gebilde ist ein Erbstück aus den neunziger Jahren. Es verdüstert die Straßen, die es in der Höhe der zweiten Etagen (nach europäischer Zählung) durchfährt, es peinigt die Ohren, treibt Hotelgäste zum Wahnsinn, und man darf annehmen, daß es einen technischen Anachronismus darstellt und längst hätte beseitigt werden müssen. Tatsächlich hat man sich auch schon vor längerer Zeit dazu entschlossen, aber die Beschaffung so gewaltiger Mittel, wie eine durchgreifende Modernisierung des Massenverkehrs im Loop-Bereich sie erfordern würde, scheint bisher ein Ding der Unmöglichkeit gewesen zu sein, und ohne erhebliche Zuschüsse von seiten der Bundesregierung würde sie es – dem Vernehmen nach – für immer bleiben. Erst relativ kürzlich ist durch einen grauenhaft-grotesken Unfall, der sich Anfang Februar 1977 ereignet hat, die Diskussion um den Abbruch des phantastischen alten Monstrums wieder auf Touren gekommen: in einer Kurve stürzten mehrere vollbesetzte Wagen auf die Straße hinab, und das war mitten im Stoßverkehr eines späten naßkalten Freitagnachmittags, elf Menschen kamen um, mehr als 150 wurden verletzt.

Irgendwo im Loop-Bereich muß man den Ort suchen, wo einst das legendäre *Home Insurance Building* gestanden hat, das erste konsequent durchdachte Stahlskelett-Hochhaus der Geschichte, das 1884 bis 1885 gebaut und 1931 wieder abgerissen wurde, ohne Rücksicht auf seine epochemachende Bedeutung für die Entwicklung der modernen Architektur in Amerika und der ganzen Welt. Man findet ihn nicht weit von der Stelle, die man das geometrische Fadenkreuz oder auch den absoluten Nullpunkt von Chicago nennen möchte, da hier die »Grundlinien« *(base lines)* sich überschneiden, an denen die Numerierung der Straßenblocks nach allen vier Himmelsrichtungen sich orientiert: State Street als Nord-Süd-Achse, Madison Street als Äquator. Wo heute das *Field Building,* ein schlankes Hochhaus mittleren Kalibers im Stil der dreißiger Jahre, sich erhebt, Ecke La Salle und Adams Street, je drei Blocks westlich von State und südlich von Madison, hat damals ein Mann namens William Le Baron Jenney den entscheidenden Schritt getan, dem die Stadt ihren Ruf als Geburtsort des Wolkenkratzers verdankt: den Schritt von einer Baukunst, die das Haus als »Krustentier«, zu einer solchen, die es als »Wirbeltier« versteht (Carl Condit).

Dieser Le Baron Jenney war einer der Lehrer des berühmteren Louis Sullivan, der zusammen mit Dankmar Adler, Daniel H. Burnham und anderen einige Jahrzehnte lang die baugeschichtliche Entwicklung der Stadt maßgeblich bestimmt hat. Er gilt als der führende Kopf der »Chicagoer Schule«, die unter Fachleuten noch heute im höchsten Ansehen steht, weil sie die revolutionären Gedanken konzipiert hat, denen die früheste Spielart der »modernen« Architektur ihre Entstehung verdankt. Auf Sullivan folgte der aus Wisconsin stammende Frank Lloyd Wright (1869–1959), der als junger Mensch das sogenannte *Prairie House* entwickelte, später als der führende Baumeister Amerikas zu Weltruhm gelangte. Auf Wright folgte, weniger als zwei Jahrzehnte nach Sullivans Tod (1924), der deutsche Emigrant Ludwig Mies van der Rohe, einer der Bahnbrecher unter den Architekten der zwanziger Jahre und neben Walter Gropius wohl der bedeutendste Meister des Dessauer bzw. Weimarer Bauhauses, und eben dieser Mies ist es, der uns auf den Gedanken bringen könnte, das Bauhaus zu einem deutschen Gegenstück zur Chicagoer Schule zu erklären.

Mies hat in Chicago nicht nur den idealen Baugrund und den verwandten *genius loci* erkannt, sondern auch den potenten Bauherrn gefunden und damit die zweite große Chance seines Lebens. Er hat als Lehrer auf eine ganze Generation von jungen Amerikanern gewirkt, als aktiver Baumeister an vielen Stellen der Stadt revolutionäre Akzente gesetzt und Beispiele einer neuen Schönheit gegeben, sei es in der Glas- und Stahlkonstruktion der berühmten *Lake Shore Drive Apartments* von 1952 (acht Blocks nördlich vom Äquator), sei es in der grandiosen Einfachheit des *Federal Court Building* (1964) im »Regierungsviertel« des Loop, sei es in den horizontal betonten Pavillonbauten, durch die er dem *Illinois Institute of Technology* (wo er Professor war) sein hinreißend elegantes und progressives Gepräge gegeben hat. Sein Name wird noch heute in Chicago mit Ehrerbietung genannt, seine Bauten gelten als *landmarks,* und doch ist auch sein Name nur einer unter vielen, die man nennen müßte, wollte man Chicagos Innenstadt und Seefront, wie sie sich in den letzten 25 Jahren entwickelt haben, einigermaßen vollständig beschreiben.

Im Loop, um auf ihn zurückzukommen, kann man das Nacheinander einer Folge von mindestens vier, wenn nicht fünf Generationen von Wolkenkratzern in einem kunterbunten Nebeneinander von alt und neu vortrefflich studieren. Man beginnt – unbedingt! – mit einem Gebäude namens *Rookery,* Ecke La Salle und Adams Street gelegen, einer alten, aber kräftig überlebenden Schönheit aus dem Jahre 1886, errichtet von Daniel Burnham, deren Lobby später von Frank Lloyd Wright umgebaut wurde (1905), und man beendet seinen Streifzug beispielsweise gegenüber einem Paradestück der *First National Bank* an der Dearborn Street aus dem Jahre 1969, mit welchem die Entwicklung der neuesten Zeit einen besonders glanzvollen Höhepunkt erreicht hat. Sechzig Stockwerke mißt dieser Turm, sein Stahlskelett ist mit leuchtend weißen Granitplatten verkleidet, und seine extrem schlanke Gestalt erinnert an ein steil gezeichnetes, in Bodennähe nach auswärts geschweiftes römisches A.

Solche kulturgeschichtlichen Exkursionen durch den Loop (und andere Stadtteile) sind in Chicago besonders beliebt und gelten als die beste Methode der Selbstdarstellung gegenüber europäischen Besuchern. Der Fremde hat Gangstergeschichten und die Schlachthöfe im Kopf, und was er finden soll, ist das Mekka des neuen Bauens. Der Fremde seinerseits wird sich Gedanken machen über die eigentümlich zwingende Ästhetik dieser Bauwerke, das Zusammenwirken von strikter Zweckmäßigkeit, technischer Courage und einer beides überspielenden dritten Kraft, nennen wir sie Formtrieb oder gestaltende Phantasie. (Wie wäre sonst – ohne dieses Dritte – die Schönheit des First-National-Bank-Gebäudes zu erklären?) Aber auch die Beziehung dieser Ästhetik zu den politischen und wirtschaftlichen Gegebenheiten der Stadt wird ihn nicht kalt lassen. In der Monumentalität der Formate könnte er zum Beispiel den angemessenen Ausdruck für den Umfang der hier verhandelten Geschäfte, in der Kühnheit der »Lösungen« einen Hinweis auf die Kühnheit der Investitionen erkennen. »Spieler mit Eisenbahnen, Frachtenverteiler der Nation« – in eine heutige Statistik übersetzt, hieße das: 34 000 Eisenbahnwaggons täglich im Warenverkehr und ein Jahresumsatz von etwa sechzig Milliarden Dollars.

VI.

»Die Wirtschaft ist das Schicksal«, hat Walther Rathenau erklärt, und er sagte es mit einem kritischen Seitenblick auf Napoleon, der bekanntlich ebendies noch von der Politik behauptet hatte. Wollte man die Geschichte der Stadt Chicago so erzählen, wie sie an Ort und Stelle erinnert wird, so müßte man sie bei allem Respekt für die Geschichte ihrer Katastrophen, ihrer Verbrechen, politischen Abenteuer usw. doch gleichzeitig immer auch erzählen als eine Geschichte der großen Vermögen, die in und durch Chicago gemacht worden sind. Es sind vorwiegend Kaufleute und Unternehmer aus den ersten Jahrzehnten nach der Stadtgründung, die als die Gründerväter von Chicagos wirtschaftlicher Großmachtstellung weit über den Tag hinaus berühmt geworden sind. Es sind Männer wie Marshall Field (Haushaltswaren), Potter Palmer (Baumwolle, Grundstücke, Hotels), Cyrus McCormick (landwirtschaftliche Maschinen), George Pullman (Waggonbau), Philip Armour (Frühzeit der Schlachthöfe). Sie alle liegen seit Anfang unseres Jahrhunderts in dem hochherrschaftlichen Graceland-Friedhof, vierzig Blocks nörd-

Piper

Die neuen Bücher

Ernst Barlach
Güstrower Tagebuch
Tagebuch und vier Tagebuchfragmente.
383 S. Gb. DM 29.80
In unerschöpflicher Formulierungslust, humorvoll, bildhaft, kritisch, zeigt Barlach im Güstrower Tagebuch die Spannungen und Brechungen seiner Zeit, seiner Kunst, seiner Person.

F. M. Dostojewski
Dostojewski für alle
Ausgewählt u. eingeleitet v. Horst Bienek. 1615 S. Gb. nur DM 30.–
Auf 1615 Seiten eine repräsentative Auswahl aus dem Werk Dostojewskis – zu einem sensationellen Preis. Im Mittelpunkt steht »Rodion Raskolnikoff«, die wohl beste Einführung in die Gedanken- und Sprachwelt Dostojewskis, sein berühmtester Roman. Um dieses Werk sind weitere Romane, Erzählungen, die berühmte Rede auf Puschkin und Briefe gruppiert, die Dostojewski in seiner ganzen Komplexität allen Lesern erschließen.

Paul Eipper
Eine Jugend in Schwaben
»Die geschmiedete Rose«.
Neuausgabe. 380 S. Gb. DM 29.80
Die lang erwartete Neuausgabe von Paul Eippers bezaubernder Jugendgeschichte. Ein Buch, reich an Anekdoten und Geschichten, das liebenswürdig und humorvoll vom Leben um die Jahrhundertwende erzählt.

Thomas Erwin
Der Tag will immer Morgen bleiben
Gedichte. 83 S. Gb. DM 18.–
Dieser Band hat, durch die Verhaftung Thomas Erwins in der DDR, schon vor Erscheinen für Aufsehen gesorgt. Diese Publikation gibt jetzt die Möglichkeit, einen jungen Lyriker anhand seiner Texte kennenzulernen, von ihm statt über ihn zu lesen, ihn davor zu bewahren, in den Mauern von Isolation und erzwungenem Schweigen eingeschlossen zu bleiben.

Carlo Fruttero/ Franco Lucentini
Wie weit ist die Nacht
Roman. Etwa 580 S. Gb. DM 36.–
Pfarrer und Carabinieri, Mafia und Fiat, Straßenmädchen und Sektierer und – nicht zuletzt – der

liebe Gott sorgen für ein gigantisches Spektakel. Ein witziger, spannender Kriminal- und Gesellschaftsroman aus dem Italien von heute. Lästerlich gut, respektlos, ein intelligenter Heiden-Spaß von literarischem Niveau.

Olaf Gulbransson
Es war einmal/ Und so weiter
Sonderausgabe. Etwa 208 S. Gb. ca. DM 29.80
Diese neue Ausgabe der beiden Bildgeschichten von Olaf Gulbransson »Es war einmal«, »Und so weiter«, die »Aufzeichnungen« seiner Jugend und seiner künstlerischen Anfangszeit in München, hier erstmals in Druckschrift und in einem Band zusammengefaßt, wird dem berühmten Zeichner und Maler neue Leser und Freunde gewinnen.

Ernst Buschor
Die Plastik der Griechen

Mit e. Vorwort v. Hans Walter. Neuausgabe. Etwa 111 S. m. 100 s/w. Fotos. Kt. ca. DM 28.–
Der berühmte Archäologe Ernst Buschor führt den Leser und Betrachter durch ein Jahrtausend griechischer Kunst – von »plastischer Urkraft« zum »bildmäßigen Schauen« der Spätzeit; ein faszinierender Lehrgang kunstgeschichtlichen Schauens und archäologischen Entdeckens.

Prof. Dr. med. Horst Cotta
Der Mensch ist so jung wie seine Gelenke

Haltung – Bewegung – Ernährung – Sport – Behandlung. Sonderausgabe.
297 S. m. 7 Fotos u. 154 Zeichnungen v. Horst Busse. Kt. DM 19.80
Umfassende Aufklärung für den aktiven Patienten, der Verschleißprozessen vorbeugen und Gelenkkrankheiten vermeiden will. Für jung und alt, Gesunde und Kranke: eine konkrete Hilfe zur Steigerung von Gesundheit und Lebensfreude!

Tony Gray
5mal Irland

Völlig überarb. Neuausgabe. Piper Panoramen der Welt. Etwa 416 S. m. etwa 20 s/w.-Fotos. Gb. DM 38.–
Dieser ausführliche und kenntnisreiche Bericht eines Iren über Irland steckt voller Wissen und kluger Beurteilungen. Ob Tourist, Politiker oder Geschäftsreisender – jeder wird sich durch dieses Buch ein Bild Irlands verschaffen können; dem Land, in dem man trotz aller schweren Probleme eine der schönsten europäischen Landschaften findet, den ältesten Whisky und die freundlichsten Menschen. Ein Panorama, das selbst irische Gegensätze verständlich macht.

August Grisebach
Carl Friedrich Schinkel

Architekt, Städtebauer, Maler. M. e. Vorwort v. Otto von Simson. 214 S. m. 110 s/w. Fotos u. Zeichnungen. Kt. DM 34.–
Mit seiner großen Schinkel-Monographie, die – 1924 erstmals veröffentlicht – das künstlerische Gesamtwerk Schinkels würdigt, beschreibt und bewertet der bekannte Kunsthistoriker August Grisebach die künstlerische Arbeit Schinkels – sowohl die großen architektonischen Entwürfe und Bauten und die städtebaulichen Planungen, als auch Gemälde, Zeichnungen, Bühnenbilder und Entwürfe für Möbel und Gebrauchsgegenstände.

Jan Morris
Großmacht Venedig

Eine Seereise durch die Geschichte.
208 S. m. 104 s/w.- u. 20 Farbfotos. Gb. DM DM 48.–
Eroberungen, kulturelle Glanzzeit und Verfall der Großmacht Venedig – Jan Morris entdeckt und erspürt auf ihrer Seereise durch die Geschichte des Mittelmeeres eine erregende Zeit europäischer Vergangenheit.

Wolfgang Amadeus Mozart
Idomeneo 1781–1981

Hrsg. v. der Bay. Staatsbibliothek München und der Internationalen Stiftung Mozarteum Salzburg. Etwa 340 S. m. 8 Farbfotos u. etwa 70 s/w.-Abb. Gb. DM 29.80 (Unverb. Preis-

empf.) nach Ausstellungsschluß DM 38.–
200 Jahre »Idomeneo« – eine umfassende Würdigung der Mozart-Oper.

Jerome Murphy-O'Connor
Das Heilige Land
Ein archäologischer Führer. 397 S. m. 111 Karten. Gb. DM 39.80
Dieses Reisehandbuch bietet, bei aller praktischen Übersichtlichkeit, die wirklich wichtigen Informationen über Geschichte, Kunst und Kultur der archäologischen Stätten im Heiliger Land. – Der archäologische Israelführer zum Reisen, Entdecken, Nachschlagen.

Reinhard Raffalt
Abendländische Kultur und Christentum
M. e. Vorwort v. Nina Raffalt. 240 S. Gb. DM 29.80
Reinhard Raffalt, intimer Kenner christlich-abendländischer Kultur, Humanist, Europäer, Weltbürger, in seinen wichtigsten Essays.

Hermann Schreiber
6mal Paris
Biographie einer Weltstadt. Piper Panoramen der Welt. Neuausgabe. 450 S. m. 12 S. Tafeln auf Kunstdruck u. etwa 62 Abb. Gb. DM 36.–
Ein Standardwerk unter den Paris-Büchern.
Aus der Geschichte dieser Stadt, aus der Atmosphäre seiner Straßen und Plätze, aus den Schicksalen der großen und kleinen Persönlichkeiten entsteht ein Buch, welches das turbulente Paris verständlich, zugänglich und erlebbar macht.

Eberhard Trumler
Meine wilden Freunde
Die Wildhundarten der Welt. Etwa 304 S. m. 15 Farb- u. 20 s/w.-Zeichnungen v. Helmut Diller u. Karten. Gb. DM 34.–
Wölfe, Dingos, Schakale und andere Wildhundrassen der Welt – Eberhard Trumler beschreibt seine »wilden Freunde« aus jahrelanger eigener Beobachtung, Züchtung und Erlebnissen. Ein persönliches Buch und ein Plädoyer für die Wildhunde, für mehr Verständnis dieser Tiere. Wer das Wesen der Wildhunde erkennt, wird auch unsere Haushunde besser verstehen.

Anneliese Ude-Pestel
Ahmet – Geschichte einer Kindertherapie
258 S. Gb. DM 29.80
Ein bewegendes Buch, das uns alle angeht: die Geschichte der Therapie eines türkischen Kindes beschreibt exemplarisch die Leiden und Ängste von Kindern und Jugendlichen in unserer Gesellschaft. Das Buch will bei Eltern, Erziehern und Lehrern Verständnis für die psychischen Probleme von Kindern wecken, Vorurteile abbauen und Behandlungsmöglichkeiten aufzeigen.

Piper Galerie

Albrecht Dürer
Italienische Reise
Aquarelle. M. e. Einführung v. Wilhelm Rüdiger. Etwa 64 S. m. 16 Farbtafeln u. 5 s/w.-Abb. Piper Galerie. Gb. ca. DM 14.80

Gabriele Münter
Hinterglasbilder
M. e. Einführung v. Rosel Gollek. Etwa 62 S. m. 16 Farbtafeln. Piper Galerie. Gb. ca. DM 14.80

Harald Fritzsch
Quarks – Urstoff unserer Welt

M. e. Vorwort v. Herwig Schopper. Etwa 300 S. m. 85 Abb. Gb. DM 39.80

Die Quarks sind die grundlegenden Bestandteile der Materie und damit die eigentlichen Akteure im Geschehen der Atomkern- und Elementarteilchenphysik. Den Physikern gelang es, die geheimnisvollen Eigenschaften dieser Teilchen zu entschleiern – damit sind sie auf dem Weg, eine einheitliche Theorie der gesamten Materie zu entwickeln. Als Elementarteilchenphysiker bietet Harald Fritzsch Forschung aus erster Hand.

Louise J. Kaplan
Die zweite Geburt

Dein Kind wird zur Persönlichkeit.
251 S. Gb. DM 29.80

Das bedeutsamste und folgenreichste Abenteuer des frühen menschlichen Lebens ist die Loslösung des Säuglings von der Mutter und die Entwicklung der eigenen, unverwechselbaren Persönlichkeit des Kindes. Ein Buch für alle Eltern und Erzieher, für alle, die sich mit kleinen Kindern und ihren Problemen befassen.

Leszek Kolakowski
Die Hauptströmungen des Marxismus

Entstehung – Entwicklung – Zerfall.
3 Bände. Ungekürzte Studienausgabe.
Band 1: 489 S. Gb. DM 39.80
Band 2: 589 S. Gb. DM 39.80
Band 3: 616 S. Gb. DM 39.80
Bei geschlossener Abnahme: 3 Bände. Gb. in Schuber. DM 98.–

Kolakowskis breit angelegtes Lehrbuch über die Entwicklung des Marxismus setzt ein mit der Entstehung der Dialektik vor Hegel und führt den Leser bis hin zu Marcuse, Bloch und den Wandlungen des Marxismus in jüngster Zeit.

Konrad Lorenz
Das Wirkungsgefüge der Natur und das Schicksal des Menschen

Gesammelte Arbeiten. Hrsg. u. eingeleitet v. Irenäus Eibl-Eibesfeldt. Sonderausgabe. 367 S. m. 23 s/w.-Fotos u. Zeichnungen. Kt. DM 19.80

Wichtige Arbeiten des Verhaltensforschers und Nobelpreisträgers Konrad Lorenz, die sich mit Grundfragen der Verhaltensforschung und der Evolutionstheorie auseinandersetzen: Lorenz geht es vor allem um die Deutung der zentralen Lebensprobleme des Menschen in Umwelt und Gesellschaft.

Ilya Prigogine/ Isabelle Stengers
Dialog mit der Natur

Neue Wege naturwissenschaftlichen Denkens. Etwa 320 S. m. 29 Zeichnungen. Gb. DM 39.80

Das neue Buch des Nobelpreisträger Ilya Prigogine und seiner Mitarbeiterin Isabelle Stengers diskutiert das veränderte Verhältnis von Mensch und Natur anhand der Entwicklung der modernen Naturwissenschaft. Es knüpft an die Forschungen von Jacques Monod, Manfred Eigen und an Prigogines eigene Arbeiten (»Vom Sein zum Werden«) an – ein verständlich geschriebenes Buch für jeden, der an den aktuellen Problemen der Naturwissenschaft interessiert ist.

teils im Fernsehen gezeigt, spiegeln sie die ganze Spannbreite von Mrożeks Schaffen wieder. Die Bände 1 und 2 liegen bereits vor; Band 4 erscheint im Herbst 1981.

Edward Stewart
Ballerina
Roman. 459 S. Gb.
DM 36.–
Die faszinierende Geschichte zweier Freundinnen, die sich alles teilen: ein Appartement in New York, ihre Karriere beim Ballett, ihre ehrgeizigen Pläne, hoffnungsvollen Träume und – ohne es zu wissen – den Mann, den sie lieben.

Heinrich Spoerl
Das Schönste von Heinrich Spoerl
Vier Bände. Zus. 820 S. in Schmuckkassette. Gb.
Nur DM 36.–
Mit allen seinen Büchern hat Heinrich Spoerl ungezählten Menschen viele Stunden des Frohsinns und der Heiterkeit geschenkt, humorvolle und zugleich tiefsinnige Unterhaltung, in der sich eine

reiche Lebenserfahrung verbirgt. In dieser liebevoll gestalteten, äußerst preisgünstigen Geschenkkassette sind die beliebtesten Romane und Erzählungen, Geschichten sowie ein Filmdrehbuch versammelt.

Giuseppe Tomasi di Lampedusa
Der Leopard
Roman.
Sonderausgabe. 338 S.
Gb. DM 19.80
Ein Klassiker der Weltliteratur, einer der schönsten und erfolgreichsten Romane, die unser Jahrhundert hervorgebracht hat. Mit ungewöhnlicher schöpferischer Sprachgewalt, in der die klare Prosa zur reinen Poesie wird, läßt Giuseppe Tomasi di Lampedusa das alte Europa noch einmal aufglänzen.
Ein Epos, das vor dem Hintergrund Siziliens vom Untergang einer ganzen Gesellschaftsschicht erzählt.

Karl Valentin
Karl Valentins Filme
Alle 29 Filme, 12 Fragmente, 344 Bilder, Texte, Filmographie. Hrsg. v. Michael Schulte/Peter Syr. Sonderausgabe.
214 S. Kt. DM 19.80
Dieses einzigartige Fotobuch ist eine Fundgrube für alle, die sich mit Film beschäftigen, und eine Quelle unaufhörlichen Vergnügens für diejenigen, die in den Filmen oder über den Büchern Valentins Tränen gelacht haben.

Piper-Präsent

Otto Klemperer: Sagen Sie doch einfach Otto
Anekdotisches. Hrsg. v. Charles Osborne u. Kenneth Thomson. Piper-Präsent. Etwa 128 S. Gb.
DM 12.80

Lachen Sie sich frei
Ärzteanekdoten. Hrsg. v. Johannes Storbeck.
Piper-Präsent. 138 S. Gb.
DM 12.80

Karl Valentin
Die alten Rittersleut
Piper-Präsent. 103 S. Gb.
DM 12.80

Hans Egon Holthusen
Chicago
Metropolis am Michigansee

Etwa 80 S. m. etwa 24 S. s/w-Fotos auf Kunstdruck. Gb. DM 28.–
Ein höchst lebendiges, facettenreiches und bebildertes Porträt der »heimlichen Hauptstadt Amerikas«, von einem Autor, der der Faszination Chicagos erlegen ist. Die Analyse einer Stadt, die dank der Dynamik und Aufgeschlossenheit ihrer Bürger für alles fortschrittliche Neue in Wirtschaft, Verkehr, Architektur, Wissenschaft und Kunst einer der aufregendsten Plätze der Welt ist. Endlich ein Buch über Chicago.

Aldous Huxley
Schöne neue Welt

Ein Roman der Zukunft.

Dreißig Jahre danach

oder Wiedersehen mit der Schönen neuen Welt.
Neu durchgesehene Sonderausgabe.
Etwa 331 S. Gb. DM DM 29.80
»Schöne neue Welt« ist neben Orwells »1984« der klassische utopische Roman des 20. Jahrhunderts. Diese Vision einer kollektivierten Welt, der Allgegenwart von Technik und materieller Versklavung der Massen, hat, fünfzig Jahre nach ihrem Entstehen, nichts von ihrer erschreckenden Aktualität eingebüßt. »Dreißig Jahre danach« überprüft, ob und wie viele Entwicklungen, die Huxley – in satirischer Form – vorwegnahm, bereits Wirklichkeit geworden sind.

Klaus Konjetzky
Am anderen Ende des Tages

Roman. 267 S. Gb. DM 29.80
Dieser Roman erzählt die Geschichte eines einzelnen, eines ganz normalen Außenseiters, der vergeblich, oft clownesk, gegen die Entfremdung anrennt. Auch in diesem Buch zeigt sich wieder Konjetzkys »... sprachliche Sensibilität, eine auffällige Beobachtungsgabe, die Wesentliches gerade am Detail erfaßt.« Heinz Ludwig Arnold

Anne Melville
Schicksalsjahre der Lorimers

Roman. 312 S. Gb. DM DM 34.–
Kate Lorimer, eine willensstarke junge Frau, entschließt sich zu Beginn des ersten Weltkriegs, als Lazarettärztin an die Front zu gehen. Mutig und selbstlos kämpft sie um das Leben der Soldaten und um das des Mannes, den sie liebt. Flandern und Serbien, London und Petersburg sind die Schauplätze des dritten Buches dieser großen Familien-Saga.

Christian Morgenstern
Gesammelte Werke in einem Band

Sonderausgabe. 616 S. Gb. DM 28.–
Die klassische Morgenstern-Auswahl als Sonderausgabe. Dieser Band bietet die Summe eines dichterischen und denkerischen Werks, das mit seinem Humor und Tiefsinn, seiner echten Frömmigkeit und heiteren Gelassenheit ungezählten Lesern viele besinnliche Stunden geschenkt hat.

Slawomir Mrożek
Amor und andere Stücke

Werke Band 3. Etwa 300 S. Kt. DM 29.80
Dieser Band enthält vier Stücke des berühmtesten zeitgenössischen polnischen Dramatikers, die in den letzten Jahren entstanden sind und hier zum ersten Mal auf deutsch vorliegen. Teils auf der Bühne gespielt,

lich von Madison, begraben, ihre Grabmäler präsentieren sich als theatralische Statussymbole in kolossalen Ausmaßen und gelten als touristische Attraktion. Ihre Namen haben den Glanz von mittelwestlichen Fuggers oder Medicis, sie überleben in ihren Stiftungen, und niemand denkt daran, diese zu »Haushaltswörtern« emporgeläuterten Namen etwa mit der Erinnerung an die einschlägigen Methoden frühkapitalistischer Vermögensbildung zu verdunkeln. Hundert Jahre Erfolg sind vollauf genug, um aus Raubrittern Aristokraten zu machen; das gilt überall in der Welt, warum nicht auch in Chicago! So begreift man die Antwort, die ein vorlauter Tourist von Gott weiß woher einstecken mußte, als er Anfang der fünfziger Jahre (unseres Jahrhunderts) die berühmte Impressionistensammlung des *Art Institute* an der Michigan Avenue besuchte und an den damaligen Präsidenten, einen gewissen Chauncer McCormick, die Frage richtete, die er besser für sich behalten hätte. Wieso denn eine Stadt wie Chicago es sich habe leisten können, wollte er wissen, so viele erstklassige Renoirs zu erwerben? »Wir haben sie nicht gekauft«, war die Antwort: »Wir haben sie von unseren Großmüttern geerbt.«

Heute ist *Palmer House* der Name eines riesigen Loop-Hotels, das zwischen State Street und Wabash Avenue eine ganze Blockbreite besetzt hält, und *Marshall Field & Co.* ist der Titel eines Spitzenmodells unter den großen Kaufhäusern der Staatsstraße, das an anderen Schwerpunkten des Fußgängerverkehrs in Stadt und Region seine Zweigstellen hat. Das Fieldsche Stammhaus liegt gegenüber der Stelle, wo der Gründer der Firma schon vor dem Großen Feuer von 1871 den ersten modernen *Department store* des mittleren Westens eingerichtet hatte, zwischen Randolph- und Washington Street, und es ist hier, sollte man denken, in volkstümlich krisensicherer Lage so gut wie möglich placiert, oder nicht? Allerdings gibt es Leute, die sagen, daß im Loop in den letzten zehn Jahren vieles »anders« geworden ist, seitdem die schwarzen *superflies* in ihren fußlangen Pelzmänteln und hochhackigen Klotzschuhen sich hier als die Herren der Straße aufspielen dürfen, und Marshall Field sei durch diese neueste Entwicklung veranlaßt worden, stillschweigend einem Zug der Zeit zu folgen und sich außerhalb des Loop nach einer neuen Adresse umzusehen, und so sei es denn zur Gründung einer neuen piekfeinen Filiale an der nördlichen Michigan Avenue, der zur Zeit elegantesten Straße der City, gekommen. Wie denn überhaupt die mondäne Geschäftswelt, man muß nur Augen im Kopf haben, um das zu sehen, immer mehr danach drängt, sich an North Michigan, der sogenannten *Magnificent Mile* – »Chicagos Antwort auf New Yorks Fifth Avenue« –, neue Quartiere einzurichten. Eine besonders eindrucksvolle Bestätigung dieser Tendenz war im Oktober 1976 die Eröffnung eines Bauwerks namens *Water Tower Place* am Nordende der »Großartigen Meile«, hart südlich des *Hancock Center* und dem alten gotisierenden Wasserturm von 1869, der das Große Feuer unbeschädigt überstand und seither als ein Wahrzeichen der Stadt – Sinnbild ihres Überlebenswillens – geliebt wird, genau gegenüber. Die vom »Mezzanin« ab fensterlosen Mauern von *Water Tower Place,* die mit hellgrauen Marmorplatten verkleidet sind, umschließen ein vielgliedriges Einkaufs- und Vergnügungszentrum – mit Restaurants, Filmtheatern, Luxusgeschäften und einem angeschlossenen *Jet set-* Hotel der Carlton-Ritz-Klasse. Man findet hier eine vollständige kleine Muster-City, ein künstliches Paradies der Konsumgesellschaft, fensterlos wie eine Leibnizsche Monade, aber innen stark begrünt: Philodendronbeete und ein ganzes ausgewachsenes Gehölz aus hellgrünen, ledrig glänzenden Ficusbäumen begleiten den Besucher zu beiden Seiten einer mehrgleisigen Rolltreppenanlage bis zur Galeriehöhe hinauf, woselbst er dann eine ausgedehnte, um eine atriumartige Freiheit herumlaufende Fußgängerzone und Ladenstraße betritt. Achse des Ganzen ist ein vieleckiger gläserner Schacht, in dem man Aufzüge, mit Menschentrauben gefüllt, lautlos und blitzschnell auf- und niederfahren sieht. Dies also die neue Prestige-Adresse von Marshall Field und anderen.

Was aber ist, um noch einen dritten von den »großen« Namen zu nennen, aus Philip Armours einst so ertragreichen Metzgereien und Verpackungsbetrieben geworden? Was aus den berühmten Schlachthöfen überhaupt, die in der Chicago-Legende eine so maßgebliche, mit populären Gruseleffekten besetzte Rolle spielen? Sehr einfach: es gibt sie – nun schon lange – nicht mehr. Neue Verarbeitungs- und Transportmethoden haben in den Jahren nach dem Zweiten Weltkrieg die Existenz eines riesigen zentralen Sammelplatzes für Schlachttiere allmählich entbehrlich gemacht und gegen Ende der sechziger Jahre zur vollständigen Stillegung geführt. Betroffen ist ein Areal zwischen 40. und 47. Straße weit südlich des Loop und westlich vom Dan Ryan Expressway: einst ein in sich geschlossenes Gemeinwesen mit einer komplizierten Industrie (und einer Kapazität von mehr als drei Millionen Rindern und sechs Millionen Schweinen beispielsweise im Jahre 1910), einem dichten Straßennetz, eigenen Bahnanschlüssen, Viadukten, Verladerampen usw., heute ein weitläufiges Stück Ödland mit aufgelassenen Grundstücken, ungenutzten Straßen und überwachsenen Gleisen. Noch steht das dreiteilige Kalksteinportal, das man hier anno Tobak errichtet hat, ein biederes Stück Dekorum mit einem Ochsenkopf in dem spitz aufgesetzten Giebeldreieck, und annonciert mit amtlicher Korrektheit, was hier einmal war: *Union Stockyards, Chartered 1865.* Dahinter ist nichts mehr, nichts als Platz, und freilich läßt es sich denken, daß der eines Tages wieder begehrt sein wird. Schon sieht man einzelne Neusiedler, die sich hier billig niedergelassen haben. Kleinbetriebe, Zweigstellen, Lagerräume haben Platz genommen, eine *Continental Can,* eine *Midland Screw,* und siehe da: sogar die altehrwürdige *Encyclopedia Britannica,* ein lexikographischer Großbetrieb, der sein Hauptquartier an der North Michigan in hochzivilisierter Gegend unterhält, hat hier in einem brandneuen flachgebauten Backsteinklotz eine Dépendance.

VII.

Der Loop ist für Chicago, was die Cité für das alte Paris gewesen ist; nur daß man hier bekanntlich die alles überragende Kathedrale entbehren muß. (Gotteshäuser verschwinden hier in Reih und Glied, treten hinter ihren klassizistischen, neugotischen oder neusienesischen Fassaden gleichsam zurück und empfehlen sich einem Gefühl von höflich historisierender Langeweile.) Anstelle der alten frommen Hierarchie hat man eine demokratische Gesellschaft von gigantischen Türmen vor sich, in denen die »jobhaltende Gesellschaft« unserer Tage sich nach vertikal betonten Ordnungsbegriffen organisiert. Jeder Turm ist ein eigenständiger Kosmos mit beispielsweise 4,5 Millionen Quadratfuß Büroraum für eine Bevölkerung von sechzehneinhalbtausend Arbeitskräften *(Sears Tower),* mit Serien von Fahrstühlen, teils Expreß-, teils Lokalverkehr, und in den plazaartig eingerichteten Erdgeschossen ein reichliches Angebot von »Annehmlichkeiten« *(facilities)* für den laufenden Sofortbedarf: Restaurants, Cafeterias, Cocktailbars, U-Bahn-Anschlüsse, Postschalter, ferner: Blumen, Zeitungen, Taschenbücher, Geschenkartikel, »Delikatessen«, Tabakläden und automatische Bankapparate, die man auf den ersten Blick für transportable Hausorgeln halten möchte. Dieser Club der Häuserriesen ist ein urbanes Gegenstück zu den »Stahlmühlen« von Gary und Hammond und den Getreidesilos der großen Ebenen. Hier konzentriert sich, was man die Logistik der mittelwestlichen Volkswirtschaft nennen könnte, und die größte Verdichtung der ökonomischen Potenz, so scheint es, wird dort erreicht, wo der Prozeß der Umwandlung von Produkten in Waren und von Waren in »Werte« den Grad der äußersten Abstraktion erreicht: im Bezirk der Banken und Börsen.

Die Straße, die hier der New Yorker Wall Street entspricht, heißt nach einem Manne namens La Salle, einem frankokanadischen Landentdecker des 17. Jahrhunderts, der durch abenteuerliche Expeditionen bis nach St. Louis hinunter berühmt geworden ist. La Salle Street sollte in nordsüdlicher Richtung passiert werden, mit dem Rücken zum Fluß und dem *Board of Trade-* Gebäude vor Augen, einer Institution von ganz zentraler Bedeutung, die am querlaufenden Jackson Boulevard gelegen ist und sich dem Südkurs der Straße wie ein breites Schloßportal entgegenstellt. Hier stehen die Bankpaläste Spalier, lauter Bollwerke des Kapitalismus, eines offenbar durchaus nicht »späten«, sondern mit einer robusten Unbelehrbarkeit auf sich bestehenden Kapitalismus, hier gibt es eine alte und eine neue Börse zu besichtigen, hier sieht man auffallend viele gepanzerte Fahrzeuge, wie sie zu Geldtransporten verwendet werden, parken oder sich bewegen; wo Säcke über den Gehsteig geschleppt werden, sind die Schlepper immer zu zweit, und mindestens einer hat den Sheriffstern an der Brust und die nackte, entsicherte Waffe in der Hand: ein merkwürdig obszöner, immer wieder schockierender Anblick.

Südlich abschließend dann also der ragende Koloß des *Board of Trade Building,* das schon durch seine Lage das Interesse magisch anziehen muß. Das Ding ist eine Oldtimer-Schönheit aus den späten zwanziger Jahren, den Dachfirst ziert eine Skulptur, die seine Starrolle noch zu betonen scheint, so sehr erinnert sie, von weitem gesehen, an die »Oskar«-Trophäe, die man in Hollywood den Diven und Matadoren der Leinwand überreicht. In Wahrheit handelt es sich um eine weibliche Gestalt von gut und gerne sechsfacher Lebensgröße, und was sie darstellen soll, bezieht sich allegorisch auf die Bedeutung Chicagos als der Hauptstadt eines landwirtschaftlichen Großreichs von wieder einmal ungeheuerlichen Ausmaßen: Ceres, die römische Göttin des Getreideanbaus.

Diesen Turm besuchen heißt einen neuen Superlativ auf sich nehmen: eine riesenhafte, mehrgeschossige Lichtung, die man aus dem Gesamtbestand seiner 45 Stockwerke herausgebrochen und als Börsensaal eingerichtet hat: die bei weitem bedeutendste Waren-, insbesondere Getreidebörse der Welt. Es geht um Weizen, Mais, Hafer und die Sojabohne in beiderlei Gestalt, als Mehl und als Öl, um Rinder und Borstenvieh, aber auch um Bau- und Sperrholz, Baumwolle, Gold und Silber. Doch geht es nicht eigentlich um den faktischen Erwerb und Verkauf dieser Güter, sondern um die Abschließung von Kontrakten über zukünftigen Erwerb und Verkauf, es geht um »Zukünftigkeiten« *(futures)* schlechthin, also Kaufverträge ohne feste Lieferungsabsicht, Verträge »an sich«, mit denen man handeln, reizen, dämpfen und profitlich spekulieren kann nach allen Regeln der Kunst.

Gearbeitet wird in sogenannten Gruben *(pits),* das sind kreisrunde Maklerstände, die nach innen sich stufenweise vertiefen und verjüngen, und an ganzen Batterien von Telefonanschlüssen mit Schreibgelegenheit, die seitlich oder im Hintergrund angebracht sind, unter einer haushohen elektronischen Kurs-Anzeigetafel. Die einen, die Grubenleute, stehen in halben Hundertschaften auf engstem Raum zusammengedrängt um etwas Unsichtbares herum und reden in einer nur dem Eingeweihten verständlichen Sprache aus Handzeichen aufeinander ein, wobei sie doch auch ihre Stimmen nicht schonen, gelegentlich schon auch einmal dem Nachbarn an die Gurgel zu fahren scheinen, so daß der Eindruck entsteht, es handele sich um eine mit äußerster Lautstärke aufeinander eindringende Gesellschaft von Taubstummen. Die andern sitzen krumm, zapplig, gespannt über ihren Apparaten, die hochgezogene Schulter preßt den Hörer ans Ohr, während die Schreibhand notiert. Ihr Geschäft ist es, Aufträge entgegenzunehmen, Kauf- und Verkaufsbefehle aus der ganzen getreidemakelnden Welt, und sie an die Grubenleute weiterzuleiten, und zwar zu Fuß, das heißt durch die Muskelkraft der sogenannten »Boten« *(messengers)* oder »Läufer« *(runners),* die ständig mit farbigen Zetteln in der Hand zwischen den Telefonierern und den Gestikulierern hin- und herflitzen.

Es empfiehlt sich, diesen Saal an einem Freitagnachmittag, kurz vor Eintritt der Wochenendsperre, zu besuchen, womöglich in der letzten halben Stunde, wenn das Management alle paar Minuten einmal mit hellen, altmodisch wohlklingenden Glockenschlägen auf das bevorstehende *Rien ne va plus* verweist. Dies ist die Gelegenheit, das Börsenvolk im Stadium einer letzten und äußersten Mobilmachung zu erleben. Das Geschrei in den Gruben nimmt Formen an, die der Unbeteiligte denn doch als alarmierend empfinden muß, die Läufer rasen im Sprintertempo auf ihren Strecken hin und her und immer nur knapp aneinander vorbei, alle Telefone sind von Veitstänzern besetzt. Was in aller Welt kann diese Leute so gänzlich außer Rand und Band gebracht haben? Ist es nicht die Idee des Glücks, die bloße Möglichkeit einer letzten Chance, eines allerletzten Glückstreffers unmittelbar vor Toresschluß? Man hat eine Gesellschaft von Stigmatisierten vor Augen, eine Katastrophe scheint sich anzukündigen, eine alles überrennende Massenpanik von der Art, die im Amerikanischen *stampede* genannt wird – da setzt ein gebieterisch lauter Glockenschlag dem ganzen wüsten Treiben ein Ende. Es ist 1.15 Uhr *post meridiem.* Man tritt auseinander, nickt, grüßt, geht, alles verläuft sich in die umliegenden Lunchlokale und Büros.

VIII.

Ein letzter Szenenwechsel versetzt uns aus dem Bezirk der Händler und Spekulanten in die politische und geographische Mitte der City: knapp westlich von State Street und nur einen Block nördlich von Madison. Mitten im Loop schlägt hier, den Toten der verschiedenen Kriege der amerikanischen Geschichte zu Ehren, eine »ewige« Flamme aus dem Pflaster, man hat Akazien gepflanzt, Fahnenmasten aufgestellt, eine niedrig gehaltene Wasserkunst sprudelt aus 25 Quellen. Der Platz ist rechteckig und hält sich in angenehmen Grenzen. Links sieht man den altertümlichen Zwillingspalast von Rathaus und Kreisverwaltung *(County Building)*, eine Hinterlassenschaft aus dem Jahre 1907 mit einer Musterriege von schweren, ins Mauerwerk gleichsam eingebackenen korinthischen Säulen. Vor sich im Norden hat man die dunkelbraune Stahl- und Glasfassade des *Daley (Civic) Center*, einem wegen seiner Kühnheit gepriesenen Bau aus den Sechzigern, der als *Court House and Office Building* dient. Sitz der »dritten« Gewalt also, die in amerikanischen Augen doch immer die entscheidende ist, feierlich und dreifach ausgewiesen durch die überlebensgroß nachgebildeten Amtssiegel der Stadt Chicago *(urbs in horto!)*, der *Cook County* und des Staates Illinois, die man an repräsentativer Stelle angebracht hat, und gleichzeitig auch wieder eine Art Clubhaus für jedermann, wo man alles mögliche Allotria beobachten kann: öffentliche Impfungen, Musik und folkloristische Tänze für Leute, die Zeit haben, posierende Fotomodelle, Damen an Webstühlen, Fernsehinterviews mit anonymen Passanten *(to speak up)* usw.

Vor allem anziehend aber für Einheimische und Touristen ist dieser Platz durch ein Werk der Kunst, das erst gegen Ende der sechziger Jahre hierher gesetzt wurde und seitdem zu den berühmtesten Glanzpunkten der Stadt gezählt wird: *Chicago's Picasso*, eine phantastisch geformte Skulptur aus dem gleichen Material, das auch für das Daley Center verwendet wurde: *Cor-Ten* (Edelrost-Stahl). Das Modell von der Hand des 85jährigen Meisters ist im Art Institute zu sehen. Dies Gebilde ist beiläufig 162 Tonnen schwer, es wirkt auf den ersten Blick wie ein stilisierter Frauenkopf mit riesiger Flügelhaube, auf den zweiten glaubt man eine von den fünf jungen Damen aus den *Demoiselles d'Avignon*, einem Geniestreich des 25jährigen Picasso, mit Sicherheit wiederzuerkennen, und zwar eines der beiden am stärksten verfremdeten, ins Tierhaft-Dämonische entrückten Gesichter in der rechten Hälfte des Bildes. Doch davon will in Chicago kein Mensch etwas wissen. Man besteht darauf, das Ding rätselhaft zu finden – es kann auch Picassos Dackel gewesen sein, der da Modell gestanden hat –, doch ist man allerdings davon überzeugt, daß das Werk, was immer es zu bedeuten haben mag, mit allen seinen Eigenschaften – Motiv, Material und Proportionen – dem Ganzen der Situation, in die es hineingestellt ist, auf geheimnisvoll einleuchtende Weise vollkommen entspricht: *Picasso's magic did it again.* Wo wäre die Stadt, die etwas Vergleichbares zu bieten hätte? Es gibt sie nicht, jedenfalls nicht in Amerika.

IX.

Ein unerschöpfliches Thema, dieser Loop, oder vielmehr ein unaufhörlicher Prozeß. Alles Erreichte scheint nur Etappe zu sein, nichts zum Bleiben geschaffen. Mag sein, daß für den Augenblick der Frauenkopf auf der Daley Plaza so etwas wie den ruhenden Pol darstellt in der Erscheinungen Flucht: ein Unikum, einen absoluten Höhepunkt und wahrscheinlich sogar dazu bestimmt, als das neue »Wahrzeichen« der Stadt den rührenden, kitschigen alten Wasserturm von 1869 zu verdrängen. Andererseits ist auch er wieder nur der Anfang einer Entwicklung, die auch an anderen bedeutenden Plätzen der Innenstadt die Aufstellung großformatiger Skulpturen durchgesetzt hat. Der Sinn dieser Initiative kann nicht zweifelhaft sein: es ist die Herstellung von synthetischen Situationen (englisch: *total design*), will sagen der Ausgleich zwischen Architektur und »Bildhauerei«, die Übereinstimmung nicht nur in den Proportionen, sondern auch in der Sprache der Formen und des Materials.

Ein Gegenstück zum Picasso finden wir vier Blockbreiten weiter südlich in einem Gebilde namens *Flamingo* aus der Werkstatt des Amerikaners Alexander Calder (1974). Es steht als ein sinngebendes Zentrum genau in der Mitte des neuen »Bundesplatzes« und gegenüber von Mies van der Rohes dunkelglänzendem *Federal Court Building:* ein fünfgliedriges, leuchtend rotes »Stabile«, das sich bis zu einer Höhe von nahezu sechzig Fuß emporwölbt und das trotz seiner gewaltigen Ausmaße einen eleganten, ja graziösen Eindruck macht.

Halbwegs zwischen Calder und Picasso, an der Stelle, wo die Straßen Monroe und Dearborn sich kreuzen, hat eine dritte Weltberühmtheit ihre Handschrift hinterlassen: Marc Chagall. Sein Beitrag heißt *Die vier Jahreszeiten* und ist ein Mosaik aus Glasfragmenten und handgeschnittenen Steinen, ein weitläufiges, vielfarbiges, lyrisch-erzählerisches Panoptikum von einem Mosaik, das alle fünf sichtbaren Flächen eines riesigen Steinbarrens (vierzehn Fuß breit und fünfmal so lang) bedeckt. Es liegt am Ostrand der *First National Bank Plaza,* die dem steilen römischen A aus weißem Granit südlich vorgelagert ist und als eine stadtplanerische Delikatesse aus jüngster Zeit von Kennern gerühmt wird. Zwei Stockwerke tief unter Straßenniveau gelegen und nur auf breiten Freitreppen zugänglich, ist diese Anlage dem Straßenverkehr gänzlich entrückt. Mit ihren Wasserkünsten, Tulpenbeeten und einem zeltüberdachten runden Musikpavillon hat sie alle Chancen, in der warmen Jahreszeit so etwas wie der gesellige Mittelpunkt des Loop zu werden: ein idealer Rastplatz für die Mittagspause und die blaue Stunde *after hours.*

So ist in wenigen Jahren zustande gekommen, was die Chicagoer ihr großes »Freilichtmuseum Loop« nennen. Jüngste Neuerwerbung (1977) ist ein hundert Fuß hoher, sehr schlanker Hohlkörper aus klöppelmusterartig durchbrochenem Stahl, den man, wenn er nicht so durchsichtig wäre, wohl als Säule definieren könnte; auf den zweiten Blick erkennt man einen ins Kolossalische vergrößerten Baseballschläger. Das Ding heißt *Batcolumn* und stammt von Claes Oldenburg, einem aus Schweden gebürtigen, in Chicago aufgewachsenen Amerikaner der Pop-Art-Generation. Man findet es, wenn man, dem Stadtäquator folgend, über die westliche Grenze des Loop hinaus weiter nach Westen geht, den Südarm des Flusses überquert, links das Hochhaus der Telefongesellschaft *Illinois Bell,* rechts den Downtown-Bahnhof der *Chicago and North Western* liegen läßt und gleich dahinter ein Stück dreckstarrendes Ödland überwindet, unerschrocken, doch mit wachsender Beklemmung, denn wieder scheint hier die Stadt auf eine unbegreiflich plötzliche und ungenierte Weise in die Brüche zu gehen.

Batcolumn plädiert hier für eine neue Einfachheit und Allgemeinverständlichkeit des künstlerischen Ausdrucks, es wendet sich an die Sportbegeisterung der Massen und behauptet, das Ei des Columbus zu sein: »das Ding an sich« in zigfach vergrößerter Gestalt. Aber Batcolumn steht auf einer Insel, die nach seinem Architekturpartner, einem klotzigen Verwaltungsbunker neuester Bauart, *Social Security Administration Plaza* heißt. Eine Insel zwischen Welt und Unterwelt, ein Platz, aber keine Leute, nur diese himmellange Stahlkeule und ihr Ebenbild in der verspiegelten Glasfassade ihres Gegenübers. Gleich nebenan aber, nur knapp einen Steinwurf weiter in Richtung Cicero, zeigt sich, was als ironischer Kommentar zur Lage gedeutet werden kann: ein kleiner, weißer Leuchtturm der Heilsarmee. Sitzt da wie ein Dachreiter auf einem frommen Nachtasyl und gibt eine eher bittere Antwort auf die (mögliche) Frage, wie weit die hier verwaltete »soziale Sicherheit« allenfalls reichen würde: nicht weiter als der Schatten von Oldenburgs Baseballschläger bei Tagesanbruch.

Die Straße ist befahren, und nicht zu knapp: alles Durchgangsverkehr, zügig, mit hochgekurbelten Seitenfenstern; was sich auf den Gehsteigen herumtreibt, zwischen Abfalltonnen, Spelunken und sogenannten Hotels, die sich als »feuerfest« bezeichnen und »nur für Männer« da sind, gelegentlich auch, Gesicht in der Armbeuge, wie bewußtlos auf der Fahrbahn liegt, gilt als unberührbar und ist doch nicht aggressiver als ein Satz junger Kaninchen. Typen, die mit nichts als Saufen und Überleben beschäftigt sind, *bums, clochards,* Leute, die auf den Hund gekommen, aus allen sozialen Zusammenhängen herausgefallen sind. Diese drei z. B. auf der andern Seite der Fahrbahn, die so tun, als sähen sie mich nicht. Die sich benehmen, als mimten sie einen Stummfilmsketch über das Thema: Zusammenstehen zu dritt unter den hier und jetzt gegebenen Voraussetzungen. Einer hebt eine kleine Flasche an den Mund wie ein Trompeter sein Instrument.

Das ist die *skid row* von Chicago, Gegenstück zu Manhattans Bowery: Straße der Verlorenen und endgültig Abgemeldeten, man hat sie ihrem »Problem« und der Heilsarmee überlassen. *Skid row* und doch immer noch Madison Street und nur zweieinhalb Blocks landeinwärts von Chicagos Opernhaus entfernt, der ehedem *Civic,* heute *Lyric Opera* im Parterre des *Kemper Insurance Building,* wo im Herbst, während der kurzen Saison, die Musikbesessenen der *Windy City* ihren Göttinnen und Göttern »stehende Ovationen« bereiten.

X.

Wie ist es zu erklären, daß diese Stadt immer nur kapitelweise mit sich selbst zusammenhängt, mit sich selbst solidarisch ist? Wie kommt es, daß ich bei meinen Streifzügen, mal vom Loop aus nach Süden, mal nach Westen oder nach Norden (oder umgekehrt) immer wieder auf solche Grenzübergänge gestoßen bin: zwischen Welt und Unterwelt, zwischen technisch-ökonomischer Hochform und sozialem Tiefstand – nicht selten auch das Gefühl gehabt habe, ein unsichtbares Sperrzeichen übersehen, an der falschen Stelle das Auto verlassen zu haben oder aus der U-Bahn ans Tageslicht heraufgestiegen zu sein? Es sind die Stellen, wo die Stadt sich selber aufgegeben hat, Nahtstellen zwischen Bewohnt und Unbewohnbar, Leerstellen, die kein Polizeiapparat zu kontrollieren vermag. (In den Polizeiberichten werden sie täglich genannt.) Was *horror vacui* bedeutet: der Schrecken der Leere, auf Chicagos Straßen ist es mit Händen zu greifen.

Woher also diese eigentümliche Rissigkeit des sozialen Gewebes, diese jähen Kulissenwechsel von Nachbarschaft zu Nachbarschaft, wenn man beispielsweise durch Uptown nach Süden fährt: eben noch Brandgeruch, Schmuddelkinder, Treppenhocker und die untrügliche Signatur der Slumquartiere an den Mauern: die Graffitti der Straßen*gangs,* die sich *Gaylords* oder *Playboys* oder *Panther-Killer* nennen, und schon die nächste Parallelstraße läßt erkennen, daß es hier gelungen ist, auf immer noch bescheidener Einkommenstufe die soziale Stabilität zu bewahren oder aber wiederherzustellen, denn auch das gehört zum Bilde, daß neuerdings junge Leute mit Collegeerziehung es lohnend finden, in heruntergekommenen, aber noch nicht ganz hoffnungslosen Nachbarschaften sich billig anzukaufen, um auf diese Weise, durch eine Art von privater Sanierungspolitik, der unheilvollen Tendenz zur Verwahrlosung entgegenzutreten.

Uptown ist in letzter Zeit durch üble Nachrichten sehr ins Gerede gekommen: Mordtaten unter Teenagern, räuberische Überfälle, die durch besonders krasse Einzelheiten Entsetzen erregt haben, sind in den Schlagzeilen erschienen. Andererseits berichten die Zeitungen über ungewöhnlichen (schwarzen) Zuzug aus dem Süden der Stadt: offenbar ein Novum für Uptown, das von manchen Kommentatoren als erfreulich und erfrischend empfunden wird. Der kleine alte Herr, der unseren Wagen steuert, macht ein melancholisches Gesicht. Er ist kein Eingeborener, aber er hat fast sein ganzes langes Leben in Chicago verbracht, er hat die Bau- und Sozialgeschichte der Stadt genau studiert, und über die Entstehung, die Symptomatik jener Krankheit, die er *urban blight* nennt, d. h. die unter bestimmten Umständen fast unvermeidliche Degeneration von anständig gehaltenen Wohnbezirken zu lebensfeindlichen Elendsvierteln und Brutstätten des Verbrechens hat er sich sehr bestimmte Gedanken gemacht. Die »inneren Wanderungen« sind es, die er für diese Verfallsprozesse verantwortlich machen will: das massenhafte Einströmen von Menschen, die von weither aus meist sehr viel einfacheren – »naiveren« – Lebensverhältnissen kommen, in die Stadt, um hier Arbeit und Unterkunft zu finden; dabei sind sie auf die City absolut nicht vorbereitet, den hier gegebenen Lebensbedingungen nicht gewachsen ... Aber ist nicht Chicago seinerzeit selber eine Gründung von Einwanderern gewesen, ist nicht sein rascher Aufstieg zur Metropole des »Herzlandes« vor allem das Werk von Hunderttausenden von Zugereisten aus Europa gewesen?

Gewiß, sagt unser Freund, aber das waren eben auch Burschen, die hatten ein ganz gehöriges Quantum an Intelligenz und Tatkraft ins Land gebracht, nicht zuletzt eben das technische *Know how,* sowohl für die Industrie als auch für die Landwirtschaft. Folgt eine auch mir nicht ganz unbekannte Anekdote aus den Tagen der »zweiten Stadtgründung« unmittelbar nach dem Großen Feuer von 1871, die Geschichte von dem Mann, der sich aus ein paar geretteten Balken und Brettern eine kleine

Chicago zur Zeit der Stadtgründung. Rechts das schon aufgegebene Fort Dearborn und der 1832 errichtete Leuchtturm. Zeitgenössische Darstellung.

Früheste Hafenanlage der Stadt. Ein Getreideschiff wird beladen. September 1839.

Das Große Feuer, das die Stadt in der Nacht vom 8. auf den 9. Oktober 1871 verwüstete. Darstellung eines Augenzeugen in »Harper's Weekly« (New York) vom 28. X. 1871.
Der Brand war, nach monatelang anhaltender Trockenheit, im Südwesten der Stadt, in einem von Arbeitern, Häuslern und Kleinbauern bewohnten Quartier jenseits des Südarms des Chicago River ausgebrochen, vermutlich dadurch, daß in der Scheune eines Mannes namens Patrick O'Leary eine brennende Kerosinlampe durch den Huftritt einer Kuh umgestoßen wurde. Ein starker, aus Südwesten kommender Präriewind trieb die Flammen gegen das Zentrum der Stadt.

Gefängnis der Cook County in Chicago, wo die verurteilten »Anarchisten« der Haymarket-Affäre auf ihre Hinrichtung warten. Rechts oben das Porträtfoto des Herausgebers der »Arbeiterzeitung«, August Spies.

Blick auf die extravagante Traumstadt-Kulisse der Columbianischen Weltausstellung von 1893. Links das Gebäude der Landwirtschaft, rechts vorn der theatralische McMonnies-Brunnen, dahinter der »Palast der mechanischen Künste«.

Einer der tudorgotischen Innenhöfe *(quadrangles)* der University of Chicago.

Carl Sandburg (1878–1967), Dichter der *Chicago Poems,* im Jahre 1940. Richard Daley (1902–1976), Chicagos legendärer OB, im Jahre 1965. Mary Garden (1877–1967) in der Oper *Resurrezione* von dem italienischen Komponisten Franco Alfano.

Al Capone während eines Baseball-Spiels auf der Ehrentribüne. 1931.

Black is beautiful. Schwarze Herrschaften vor dem *Playboy Towers Hotel* an der North Michigan Avenue.

Aufstellung des Goethe-Monuments von Hermann Hahn im Lincoln Park. Sommer 1913.

Holzbude gezimmert, um darin ein Büro für den Immobilienhandel einzurichten, oder vielmehr von dem trutzigen Haussegen, den er sich, ein klassischer Stichwortgeber für mehrere Generationen von Chicagoer Lokalpatrioten, über seine Tür genagelt hat: »Alles verloren, außer Frau und Kindern und ENERGIE.« Wohingegen die andern ... Welche andern?

Die Unglücklichen und Ungelernten meint er, die mit leeren Händen gekommen sind, arm wie die Kirchenmäuse und vollkommen stadtfremd *(not city-bred)*, aber eben in solchen Massen, daß beispielsweise in den frühen fünfziger Jahren in manchen Distrikten drei bis vier Straßenblocks pro Woche den Besitzer – und die Farbe! – gewechselt haben, und zwar, wie er es nennt, »unter Druck«. Das gleiche habe sich zwischen Anfang und Mitte der Sechziger dann auch hier in Uptown zugetragen, als in den Apallachen die Kohlenbergwerke serienweise stillgelegt werden mußten und viele Tausende von arbeitslosen (weißen) Bergleuten aus Kentucky und West Virginia mit ihren Familien nach Chicago flüchteten, verzweifelt und ebensowenig in der Lage, das Leben in der City zu meistern und ihre Quartiere in Schuß zu halten wie die schwarzen Landproletarier aus dem Süden. Lauter potentielle Wohlfahrtsempfänger ...

Soweit unser Freund Moody P., der selbst einst als Grieche auf türkischem Boden zur Welt gekommen ist und hier in Amerika eine eindrucksvolle Karriere als Englischprofessor – mit Shakespeare als Spezialgebiet – hinter sich gebracht hat. Heute lebt er als Emeritus im 23. Stockwerk eines eleganten Hochhauses an der nördlichen Seefront der Stadt und hat Saul Bellow, den literarischen Nobelpreisträger des Jahres 1976, einen früheren Kollegen in der englischen Abteilung der Northwestern University, zum Nachbarn. Auch Bellow ist kein Eingeborener, aber auch er hat sich diese Stadt zu Herzen genommen, er hat sie zu seinem Thema und zu seiner Heimat gemacht, hat gewissermaßen seine Identität mit ihrem Namen verbunden: *»I am American, Chicago born – Chicago that sombre city ...«* Wer sagt das? Es ist der Anfang der *Abenteuer des Augie March,* eines frühen Meisterwerkes aus dem Jahre 1953, und ebendies ist das Buch, das seinen Ruhm begründet hat.

Chicago, die düstere Stadt? Wir hatten Uptown jetzt hinter uns und waren von Norden her die *Magnificent Mile* hinuntergerollt, hatten die (gesellschaftlich prominente) Vierte Presbyterianische Kirche – neugotisch mit kreuzgangartiger Arkadenführung hinüber zur Residenz des Geistlichen – flüchtig mit einem Blick gestreift, hatten den »Millionärsclub« und ein funkelnagelneues Hotel der eleganten Marriott-Kette Revue passieren lassen. Einen kühlschönen Frühlingstag hatten wir erwischt, der Himmel war hoch, offen, weit, man atmete auf, wurde gesprächig, ließ sich's gefallen. Links der Kathedralturm der *Chicago Tri-*

bune, ein stilistischer Anachronismus von 1925 und angeblich das »größte Pressezentrum der Welt«, rechts das gute alte, auch in Europa bekannte (und belächelte) *Wrigley Building* mit seinem etwas theatralischen Glockenturm und der schräg zum Fluß gestellten, blendend weißen, hochzeitskleidweißen Fassade, die Nacht für Nacht von starken Scheinwerfern angestrahlt wird. Offenbar ein nostalgiebesetztes Objekt, dieser Kaugummipalast aus dem frühen *Jazz Age,* eine Art amerikanisches Neuschwanstein, zuckrig und aufgetakelt und fast schon ein bißchen *camp* (was bedeutet – nach der Definition von Susan Sontag: »schön, weil es so scheußlich ist«.)

Moody P. sprach immer noch über das Problem der »inneren Wanderungen« und behauptete nun, die Auswirkungen dieser maßlosen Drifterei seien für das Chicago der fünfziger und frühen sechziger Jahre kaum weniger ruinös gewesen als seinerzeit die Katastrophe des Großen Feuers; und während wir den Fluß auf der Michigan-Avenue-Brücke überquerten und die Stelle passierten, wo einst im Jahre 1816 das Fort Dearborn, die Urzelle der heutigen Metropolis, angelegt worden war, begann er uns in seiner immer etwas »dozierenden« und dennoch leichtfüßigen Art auseinanderzusetzen, daß die Politik des *urban renewal,* die der verstorbene Mayor Daley mehr als zwanzig Jahre lang betrieben hatte, zu einer Art von dritter Stadtgründung geführt habe. Zwei namhafte Errungenschaften der Daley-Ära kamen jetzt linkerhand in Sicht: das seinerzeit (1958) bahnbrechende *Prudential Building* mit dem einhornartig in den Himmel stoßenden Funkmast, und gleich dahinter das *Standard Oil Building* von 1974, ein Prestige ausstrahlender achtzigstöckiger Marmorturm. Wie immer an dieser Stelle entdeckte ich in mir eine Art von belustigter Sympathie für das Kolossale der Verhältnisse, in denen man sich hier bewegt, und wieder einmal ertappte ich mich bei dem kindischen Gedanken: Wie merkwürdig, daß auch hier die Leute wie überall in der Welt in ganz durchschnittlicher Lebensgröße herumlaufen!

Übrigens könnte man einwenden, und an diesem phantasievollen Samstagvormittag im späten April leuchtete es mir plötzlich ein, daß das gar nicht einmal ganz sicher ist; mindestens für die Polizei von Chicago, *da P'leece of Chicago,* wie das Volk sie nennt, scheint es nicht unbedingt zu gelten. Man hat in dieser Truppe eine Vorliebe für ausgesprochen »schwere Jungens« – ein Ausdruck, der hier im Augenblick ganz ohne anzügliche Obertöne verwendet wird, obwohl es über die Polizei von Chicago seit Menschengedenken eine Unsumme von Geschichten gibt, linke Geschichten und rechte Geschichten, Horrorstories und Heldenlieder und natürlich auch Fachmännisches über ihre hervorragende Generalstabsarbeit. Jeder Mann, sage ich, ein Wellenbrecher im Verkehr, jeder ein Sinnbild der *City of the Big Shoulders,* stiernackig, standfest –

wie beispielsweise dieser Herkules, der da am *Art Institute,* Ecke Monroe und Michigan, grad gegenüber dem Stadtbüro der Lufthansa, den Fluß der Fahrzeuge zu dirigieren hatte – ein Thorax von Gottes Gnaden unter dem knapp sitzenden ledernen Wams. Selbst der Pistolengriff, der so unangenehm deutlich aus dem Futteral herausstand, hatte etwas Abnormes.

Der Himmel war blaß geworden, hatte sich bleiweiß verschleiert, der Wind kam jetzt von Süden, und immer wenn der Wind von Süden kommt, riecht es in Chicago nach Chemie. Wir hatten nun auch den Bereich der altehrwürdigen Kulturinstitute aus Chicagos Belle Epoque, hatten *Public Library* und *Art Institute, Orchestra Hall* und Sullivans riesiges *Auditorium Theatre,* alle knapp nördlich und südlich des Äquators gelegen, absolviert, wir hatten das viertürmige *Conrad Hilton Hotel* (3000 Betten!) stillschweigend auf sich beruhen lassen und waren dann nur wenig südlich davon wieder ins Ungewisse geraten: plötzliches Verstummen, kaum Verkehr, lückenhafte Bebauung. Auf den Dächern sah man diese altmodischen schwarzen runden Wassertanks auf Stelzen, die mich immer an Marabus beziehungsweise an Krähen erinnern, alleinstehende Krähen oder Kolkraben in trüber Jahreszeit. Die schöne, stolze Michigan Avenue verlor ihr Gesicht, war sich selber ganz und gar abhanden gekommen. Sogar die Kolkraben verschwanden wieder, und das Nichtgeheure nahm zu. Bis der kleine alte Herr unversehens auf die Bremse trat und sagte: »Hier muß es sein.«

An dieser Stelle auszusteigen war kein Vergnügen, man fühlte, daß man hier ganz unmöglich war. Überdies wußten wir nicht genau, was wir eigentlich suchten, war es das *Metropole,* war es das *Lexington,* beide Hotels, in denen, fünfzig Jahre zurück, eine gewisse historische Persönlichkeit jeweils einige Monate lang residiert hatte. Erhalten war hier nur ein einziges Bauwerk, ein ziemlich ramponiertes Prachtstück wohl aus den achtziger Jahren, zehnstöckig und »florentinisch« in der Machart, mit Erkerfenstern, Ecktürmen und einer breiten Loggia in Höhe der vierten Etage. Gleich links daneben ein geparkter Wagen, auf den Vordersitzen zwei junge Schwarze, die unsere Annäherung beobachteten. Außer diesem Haus, diesem Auto und einem Individuum, das die geschlossene Eingangstür verstellte, war nichts zu sehen, alles flach, leer, aufgegeben, auf horrende Weise verkommen. Ich ging auf das Individuum zu; über der Tür, die aus weißglänzendem Metall zu sein schien, las ich *The New Michigan.* Ich wollte wissen, ob wir hier das ehemalige Metropole vor uns hätten, aber kaum daß ich den Mund aufgemacht hatte, wurde mir klar, daß ich, wie immer ich mein Auftreten hier inszenieren mochte, als penetrant unbefangener Esel, als verirrter Tourist oder als neugieriger Reporter mit ausländischem Akzent, in den Augen dieses

Menschen eine vollkommen idiotische Figur machen würde. »Dies ist das *New Michigan Hotel«,* war die Antwort, und sie kam aus einem schwarzen Pokergesicht, die Hände blieben in den Hosensäcken. *Verwehte Spuren* fiel mir ein: Titel einer schaurig-schönen Kinogeschichte aus dem Jahre 1938, spielte im Paris der Kaiserin Eugénie zur Zeit der Weltausstellung von 1867. Eine Zeit, die niemand mehr versteht, dachte ich, die niemand von uns je verstanden hatte, verwunschene Zeit, Laterna-magica-Zeit. Nur dieser wunderbar knusprige Filmtitel blieb, und es handelte sich um was Bestimmtes, eine in sich schlüssige Geschichte, die einem die Backen heiß machen konnte. Wo ich eben jetzt stand, blieb für den Augenblick alles undurchsichtig, kalt, keine *story,* kein Zusammenhang. Nur diese banale, aussichtslose und etwas dümmliche Pantomime zwischen »ihm« und mir. Ich fragte ihn, ob das Hotel zur Zeit betrieben werde. Immer noch war mir die Lust, die aluminiumweiße Tür zu sprengen und zur Rezeption vorzudringen, nicht vergangen, aber *Pokerface* stand unbeweglich, er verzog auch, als er halblaut so etwas wie *of course* sagte, keine Miene. Der Zugang war tabu, der Ton in der Stimme von unbeugsamer Feindseligkeit.

Von irgendwoher kam ein giftiger Gestank wie von angebrannten Autoreifen. Es war nicht das »schwarze Getto«, dessen Bannmeile wir verletzt hatten, es war nicht die »schwarze Gemeinschaft«, die sich *Soul Surviving City* nennt, die Stadt, in der SEELE überlebt, SEELE zu einem neuen revolutionären Selbstbewußtsein erwacht ist – wie oft hatte ich die drei Buchstaben S. S. C. von Mauern und Zäunen abgelesen, und nie ohne Sympathie, nie ohne eine Art von Rührung, da ich in diesem S. S. C. eine zeitgenössische Erinnerung an die jahrtausendealte Idee von der Civitas Dei, dem Gottesstaat auf Erden, erkannt zu haben glaubte. Nein, es war der »Schrecken der Leere«, der hier nach angebranntem Gummi stank. Ganz »aus der Welt« war man hier, und Begriffe wie Verfassung, Bürgerrechte, Meinungsfreiheit, Oberster Gerichtshof hatten hier nichts zu sagen. Selbst eine so allgemeinverständliche, an die elementarsten Basisgefühle appellierende Vorstellung wie *the City of Chicago* hätte hier vermutlich keinen Anklang gefunden. Ich hörte, wie hinter mir ein Motor ansprang – Moody P. und sein Weib Carlene waren ja im Auto sitzen geblieben –, und wahrhaftig, es war an der Zeit, sich zurückzuziehen. Drei Minuten später war unser dunkelgrüner Plymouth-Valiant über alle Berge.

XI.

Später gelang es mir mit Hilfe von Büchern, das düstere Etablissement zu identifizieren. Es war das frühere *Lexington,* ein ehemals vornehmes Haus in ehemals so ausgezeichneter Lage, daß einmal sogar ein Präsident der Vereinigten Staaten in ihm seine Fingerabdrücke hinterlassen hat: Stephen Grover Cleveland in seiner zweiten Amtsperiode – Mitte der neunziger Jahre muß das gewesen sein –, als er von jener Loggia aus ein Chicagoer Publikum mit einer Ansprache beehrte. Doch war es nicht dieser Präsident, dem das Hotel seinen geisterhaften Ruhm verdankt. Es war ein Mensch aus der Unterwelt der Prohibitionszeit, ein Kerl mit dicken Lippen und einer fleischig-platten, formlosen Nase, ein bis heute unvergessener Volksheld von ganz besonderer Art, kurz, eines der größten Talente in der Geschichte der amerikanischen Kriminalität. Als er im Sommer 1928 ins Lexington einzog, belegte er für sich, seine neunzehnjährige Mätresse (eine rundliche Griechin, die er aus einem der von ihm kontrollierten Bordelle herausgezogen hatte) und eine zahlreiche Entourage aus Kostgängern, Leibwächtern, Adjutanten samt weiblichen Begleitpersonen zwei ganze Stockwerke und eine Anzahl weiterer Zimmer, im ganzen Hause verstreut. Von hier aus beherrschte er zusammen mit einem Zeitgenossen namens Big Bill Thompson, dem damaligen Oberbürgermeister, den das Volk von Chicago im Jahre 1927 zum zweiten Male wiedergewählt hatte, die phantastisch demoralisierte Stadt. Er machte Kommunalpolitik, entwickelte eine Art von windiger Beredsamkeit, gehörte offiziellen Delegationen an und organisierte, als die wirtschaftliche Depression den Leuten ans nackte Leben ging, Notküchen für die Ärmsten der Armen. So fügte er seiner Reputation, der grausamste und gerissenste Killer von Chicago zu sein, den Robin-Hood-Nimbus des edlen Räubers hinzu. *Good old Al,* sagten die Arbeitslosen, wenn sie ihren Schlag Suppe in Empfang nahmen, und es soll junge Damen der Gesellschaft gegeben haben, die nur mit Tränen in den Augen von ihm sprachen.

Wie muß man sich den »Lebensstil« im Dunstkreis dieses Menschen vorstellen? Bewaffnete Posten, versteht sich, in allen Korridoren. Wenn er zu essen wünschte, ließ er den Wein und die fertigen Speisen auf rollenden Tischen heranschaffen, sein Privatkoch mußte von allen Gerichten, die serviert werden sollten, vor seinen Augen gekostet haben, bevor er selbst zu dinieren begann. Wollte er das Haus verlassen, so benutzte er meist einen geheimen Durchbruch zum Nachbargebäude, der sich in Höhe des dritten Stockwerks befand und es ihm erlaubte, ungesehen zu verschwinden, und wenn er Lust hatte, ein Theaterstück zu sehen, so ließ er sich von achtzehn in makellose Smokings gesteckten Leibwächtern begleiten, die alle strategisch interessanten Punkte des Parketts zu besetzen hatten.

Vom Lexington aus organisierte er schließlich das spektakulärste Verbrechen seiner Laufbahn: die »Hinrichtung« von sieben Mitgliedern der rivalisierenden Bugs-Moran-Bande, die Anfang 1929, am 14. Februar oder St.-Valentins-Tag, dem Tag der zärtlichen Herzen, in einer Garage an der Clark Street (im mittleren Norden der Stadt) vollstreckt wurde. Doch sorgte er für ein bildschönes Alibi, indem er sich kurz vor dem Termin auf seinen Landsitz in Florida zurückzog und zur Tatzeit die örtliche Polizeistation mit einem Höflichkeitsbesuch auszeichnete. Während also im naßkalten Chicago die Mörder, als Polizisten verkleidet und mit Maschinengewehren bewaffnet, ihren Wagen von Westen her langsam in Richtung Tatort bewegten, sah man den Boß im sonnigen Florida mit einem echten Polizeibeamten parlieren: ein kleines, scherzhaft-joviales Ping-Pong über »Geschäfte«, unnütze Verdächtigungen und dergleichen. Als dann die Nachricht vom St.-Valentins-Tag-Massaker publik wurde, war er unantastbar, und doch wußte jeder, wußte man auch in Florida, daß nur *einer* diese Blitzaktion angeordnet haben konnte: Al Capone. Zwei Jahre später wurde eine lange und langweilige Untersuchung gegen ihn eingeleitet, nicht wegen Mordes, sondern wegen Einkommensteuer-Hinterziehung.

XII.

Al Capone und die Schlachthöfe: das sind die beiden wichtigsten Elemente, aus denen die europäische Chicago-Legende der letzten fünfzig Jahre sich zusammengebraut hat. Aus denen z. B. auch Bertolt Brecht sehr »dankbare« Stoffe herauszuschlagen und höchst wirkungsvolle Gleichnisse zu entwickeln verstand. So in der *Heiligen Johanna der Schlachthöfe* (1932), wo er den Prozeß einer revolutionären Bewußtseinsbildung angesichts von Ausbeutung und Verelendung im Kopf eines jungen Mädchens von der Heilsarmee darstellt. So auch in seinem *Aufhaltsamen Aufstieg des Arturo Ui* (1941), wo er den Chicagoer Gangsterkrieg der Capone-Zeit als ein parabolisches Schnittmuster zugrunde legt, um bestimmte Vorgänge aus der Frühzeit der Naziherrschaft – Reichstagsbrand, Röhmputsch, Dollfußmord – als kriminelle Umtriebe zu entlarven und damit, wie er sagt, »den üblichen Respekt vor den großen Tätern zu zerstören«. Brecht hat Chicago im ganzen dreimal zum Schauplatz seiner dramatischen Unternehmungen gewählt; das dritte, zeitlich erste Stück heißt *Im Dickicht der Städte* (1924) und stammt noch aus seiner vormarxistischen Zeit. Chicago figuriert hier als der gespenstische Hintergrund eines gespenstisch sinnleeren Treibens unter Existenzen, die beispielsweise Shlink und Garga heißen und die alles menschliche Handeln und Reden als ein bloßes »Schattenboxen« erscheinen lassen. Hier werden Situationen beschrieben, die schon Beckett und Adamow vorwegnehmen: ein großartig-radikales Stück »absurdes Theater«.

Der junge Brecht hätte dies sonderbar verzweifelte Spiel vom Kältetod aller menschlichen Beziehungen auch in Berlin oder Schanghai stattfinden lassen können; warum verfiel er auf Chicago? War es die, von Europa her gesehen, immer noch so unheimlich-rätselhafte Aura des Namens Chicago, die ihn faszinierte? War es das vage, exotische, dunkel drohende Hörensagen, durch das man damals – wie noch heute! – über diese Stadt und ihre Geschichte unterrichtet zu sein glaubte? Eine zur Zeit, mehr als zwanzig Jahre nach Brechts Tod, besonders »beliebte« Episode aus Chicagos Vergangenheit ist das Jahr 1886 mit seinen erbitterten Arbeitskämpfen und der »Tragödie vom Haymarket Square«. Es handelt sich um eine Geschichte von düsterer Abenteuerlichkeit und dramatischer Wucht, die bei den revolutionären Denkspielern unserer Tage als ein klassisches Beispiel von klassenkämpferischer Entschlossenheit hoch im Kurse steht, obwohl sie von den offiziellen Chronisten der Stadt ganz anders erinnert und gedeutet wird: nicht im Sinne der Klassenkämpfer, sondern im Sinne der Polizei.

Streiks bei McCormick und Pullman waren der Anfang gewesen, Streiks wegen Arbeitszeitverkürzung – schon damals ging es um den Achtstundentag. Es gab Tumulte auf den Straßen, Steinwürfe, Schüsse, Verwundete und den ersten Toten, und denkwürdigerweise war es die deutsch geschriebene, von einem Einwanderer namens August Spies herausgegebene *Arbeiter Zeitung,* die den Forderungen der Rebellen ihre Stimme lieh, ihre Aktionen steuerte. Bis es dann schließlich bei einer Demonstration auf dem *Haymarket Square* – zwei Blocks westlich des heutigen Loop – am Abend des 4. Mai zur Katastrophe kam. Jemand schleuderte eine Bombe über die Köpfe der Arbeiter hinweg mitten in die massiv aufmarschierte Polizei hinein und richtete ein Blutbad an: sieben Tote, sechzig Verletzte. Wer der Täter war, ist nie mit letzter Sicherheit festgestellt worden. Doch wurden die Redner, Drucker, Rädelsführer, die den Volkszorn angeheizt hatten, vor Gericht gestellt. Sieben Männer wurden zum Tode verurteilt, darunter August Spies und fünf andere Träger deutscher Namen. Vier von ihnen wurden im November 1887 gehängt, zwei wurden zu lebenslänglicher Gefangenschaft begnadigt, der siebente hatte Selbstmord begangen, indem er eine Dynamitpatrone mit den Zähnen zerbiß. Fünf Jahre später hatte ein rechtlich denkender Mann, der neugewählte Gouverneur von Illinois, sich davon überzeugt, daß die Angeklagten in einem unfairen Prozeß verurteilt worden waren. Kaum im Amt, ließ er die Überlebenden frei. Daß dieser Gouverneur – es war der aus Hessen eingewanderte liberale Demokrat John Peter Altgeld – sich dadurch besonders beliebt gemacht hätte, kann leider nicht gemeldet werden. Trotz anerkannter Verdienste wurde er nach Ablauf einer einzigen Amtsperiode im Jahre 1896 nicht wiedergewählt.

Die öffentliche Meinung von Chicago war damals noch weit davon entfernt, einen August Spies und seine politischen Freunde als rechtmäßige Führer einer moralisch und politisch anerkannten Arbeiterbewegung gelten zu lassen. Man verstand sie nicht als Sozialisten, sondern als »Nihilisten« und »Anarchisten«, man brachte die Untat vom 4. Mai mit dem europäischen Terrorismus jener Jahre zusammen, man verglich sie mit der Ermordung des Zaren Alexander durch Bombenwurf im Jahre 1881. Und freilich gibt es unter den überlieferten Schlußansprachen der zum Tode Verurteilten neben Beispielen eines großartigen todesmutigen Pathos auch Äußerungen, die uns als Ausgeburt eines politischen Fieberdeliriums erscheinen können. »Dynamit«, soll der Angeklagte Parsons seinen Richtern zugerufen haben, »ist demokratisch ... Dynamit ist das Gleichgewicht ... Es ist die Morgendämmerung des Friedens, es ist das Ende des Krieges. Es ist des Menschen bester und letzter Freund, es befreit die Welt von der Herrschaft der wenigen über die vielen, weil alle Regierung in letzter Instanz Gewalt ist. Alles Gesetz ist letztlich Gewalt ... Gewalt ist das Gesetz der Natur, und diese neu entdeckte Gewalt macht alle Menschen gleich und darum frei.«

Chicago reagierte auf die Ereignisse des Jahres 1886 auf eine Weise, die wohl in jeder andern Stadt der Welt, wenn nicht unmöglich, so doch höchst unwahrscheinlich gewesen wäre, und es war, muß man hinzufügen, nicht bloß das Establishment, das so reagierte, es war der *genius loci:* man setzte der Polizei ein Denkmal. Auf einen schon beinahe mannshohen Sockel stellte man die etwas überlebensgroße Figur eines amtlichen Ruhestifters in überlangem Bratenrock, der einen englischen Bobbyhelm auf dem Kopf trug und den rechten Arm beschwörend erhob; auf dem Sockel war zu lesen, was sein Armheben zu bedeuten hatte: »Im Namen des Volkes von Illinois gebiete ich Frieden.«

Das Gebilde hat sich an Ort und Stelle rund achtzig Jahre behaupten können; die »systemkritische« Aufsässigkeit der jungen Generation unserer eigenen Zeit hat es nicht überlebt. Als im Hochsommer 1968, in außen- und innenpolitisch schwieriger Lage (ein halbes Jahr nach der Tet-Offensive in Vietnam und nur etwa drei Monate nach dem »Pariser Mai«), die Wahlmänner der Demokratischen Partei sich in Chicago versammelten, um ihren Präsidentschaftskandidaten zu bestimmen und die heiße Phase des Wahlkampfs zu eröffnen, kam es zu schweren Zusammenstößen zwischen meist jugendlichen Demonstranten und Mayor Daleys hart zugreifender Polizei. Auf die Straßenschlacht folgte der Prozeß, der zur *cause célèbre* wurde und Chicago und seine Massenmedien, ja die ganze amerikanische Öffentlichkeit fast zwei Jahre lang beschäftigt hat. Wieder waren es sieben Angeklagte, waren es die gefeierten Chicagoer Sieben, die sich in Mies van der Rohes *Federal Court Building* für ihren Anarchismus verantworten mußten. Sie wurden von linken Staranwälten verteidigt – der brillanteste von ihnen hieß Künstler! –, und alles, was jung und schön war, schlug sich auf ihre Seite. *Law and order* hatten sich für den Augenblick in einen zierlichen und geistreichen alten Herrn zurückgezogen, den jüdischen Richter Julius Hoffmann, der dem Verfahren mit stoischem Gleichmut präsidierte und durch seinen knochentrokkenen, dabei scharf sezierenden Witz, stellenweise aber auch durch drakonische Anordnungen das Chaos zu bändigen suchte. (Noch zehn Jahre später, im Frühjahr 1978, sah ich ihn amtieren, diesmal in einer Verhandlung gegen einen ehemals polnischen Staatsbürger, der verdächtigt wurde, während des Krieges im Dienste der SS und der Gestapo schwere Verbrechen gegen polnische Juden begangen zu haben. Hoffmann war jetzt 83 Jahre alt, und immer noch beherrschte er die Szene und verstand es, durch seine sardonischen Bonmots auch brillante junge Anwälte in Verwirrung zu bringen ...)

Unter solchen Umständen war der einsame Polizist auf seinem Podest am *Haymarket Square* natürlich nicht mehr zu retten. Nächtliche Überfälle setzten ihm zu, Besudelungen, Defäkationen; schließlich wurde er, nachdem man eines Morgens den Sockel leer, das bronzene Standbild am Boden liegend gefunden hatte, von lebendigen Kollegen geborgen, ins Hauptquartier der Polizei an der *Near South Side* befördert und dort an distinguierter Stelle wiederaufgestellt. Der heutige Tourist findet nur noch den Sockel mit seiner Inschrift und übrigens vom historischen *Haymarket Square* nur noch ein winziges Zipfelchen: eine der rasanten vielspurigen Stadtautobahnen, die man seinerzeit, in den frühen Daley-Jahren, hier im westlichen *backyard* der City anlegen ließ, hat die hübsche breite Marktstraße aus Urgroßvaters Zeiten wie mit einem zyklopischen Faustschlag zerstört.

XIII.

Ist es wahr, was die Dichter sagen, ein Bellow und ein Brecht, ein Carl Sandburg und übrigens schon Upton Sinclair, der Autor eines frühen Meisterwerkes über die Schlachthöfe, das 1906 unter dem Titel *Der Dschungel* erschien, ist es wahr, wenn sie Chicago düster nennen: *that sombre city?* Auch Sandburg hat ja in seinen oratorisch rollenden Hymnen auf Chicago alle Klagen vorgebracht, die zu klagen waren, damals noch gegen ein fast rein weißes, ein stürmisch produzierendes, freibeuterisch ausgreifendes Chicago, die Roboterstadt seiner Rauch-und-Stahl-Gedichte, die doch in einem gewissen Sinne urbaner, fast möchte man sagen zivilisierter war als das Chicago von heute. Die Innenstadt, auch abends noch lebendig (will sagen: noch keine motorisierte Massenflucht nach Dienstschluß in die »Schlafstädte«), eine Theater- und Opernsaison fast wie in Paris (noch nicht dieser allabendliche bundesweite Fernseh-Stupor in der Zeit von den Sechs-Uhr-Nachrichten bis zur *late late show*), die vielen großen und kleinen Parks noch allgemein zugänglich, belebt und beliebt; noch nicht diese endemische und leider nicht unbegründete Sicherheits-Hysterie, die mit gesellschaftlicher Verödung bedroht, was der Erholung und Erheiterung der Bürger dienen sollte.

Was Carl Sandburg angeht, so interessierte er sich nicht für das Chicago der *beautiful people* seiner Zeit. Die Gastspiele der Sarah Bernhardt, die Besuche von europäischen Hoheiten wie Erzherzog Ferdinand von Österreich-Ungarn oder Eulalia, Infantin von Spanien, im Chicago der Belle Epoque ließen ihn kalt. Was einen Balzac fasziniert hätte, die Hofhaltung der großen Familien am *Lake Shore Drive,* der glamouröse Jahrmarkt der Eitelkeiten beispielsweise im Salon der Mrs. Potter Palmer, die mehr als königliche Prachtentfaltung im Hause von Mrs. Edith Rockefeller McCormick, die eine blendende Schönheit war und von dem Münchner Maler Friedrich August von Kaulbach porträtiert wurde, die merkwürdige Karriere der Sängerin Mary Garden, einer geborenen Schottin, die mit 25 Jahren die Pariser Opéra Comique erobert und bei der Uraufführung von Débussys *Pelléas und Mélisande* zum Entzücken des Komponisten die weibliche Titelrolle gesungen, in Chicago zum kalten Entsetzen des Polizeipräsidenten als erste Salome der amerikanischen Theatergeschichte den Tanz der sieben Schleier getanzt hatte; sie hatte eine gefürchtete Zunge, diese zierliche rothaarige Miss Garden, ihr Witz war so beißend brillant, wie ihre sterbliche Hülle attraktiv gewesen sein muß, ihre Schlagfertigkeit war unschlagbar, und einige ihrer berühmtesten Bosheiten werden in Chicago noch heute herumerzählt. Anfang der zwanziger Jahre machte man sie zum Generaldirektor des Opernwesens, eine Position, die sie dazu benutzte, ihr Publikum mit exotischen Neuheiten, teuren Uraufführungen usw. in Atem zu halten und schließlich das Haus mit einem Defizit von drei Millionen (damals eine gewaltige Summe) in die Luft zu jagen: *in a blaze of glory,* wie ihr Geldgeber und Bewunderer Harold McCormick es prophezeit hatte ... alles das, sage ich, war ihm, dem Rhapsoden der Windigen Stadt, vollkommen gleichgültig.

Sandburg sah die Dinge »von unten«. Chicago war für ihn die Stadt des *homo faber* (der Mensch als Hand-Werker: als Zimmermann, Tischler, insbesondere als Schmied), woraus man folgern könnte, daß er, hätte er noch an die griechischen Götter geglaubt, in dem hinkenden und rußgeschwärzten Hephaistos, dem Gott des Erdfeuers und Schutzpatron der Schmiedekunst, den führenden Genius seiner Heimatstadt hätte verehren müssen. Er war der Barde des »einfachen Mannes« – *The People, Yes* ist der Titel einer seiner späteren Sammlungen –, auch seine Sprache nahm er »von unten«, aus dem Maule des Volkes: niemand außer Walt Whitman, der sein großes Vorbild war, hat die amerikanische Vulgata mit einem so hemmungslosen und enthusiastischen Heißhunger auf alles faktisch Gesprochene und gleichzeitig mit so viel Kunstverstand in Poesie verwandelt wie er. Begriffe wie »Geschmack« und »Stil« waren ihm zuwider; den Kritikern, die der Meinung waren, er sei ein stilistischer Barbar, und was er ein Gedicht nenne, das sei im Ernst nichts weiter als eine Anhäufung von Wörtern, um Chicago immer von neuem zu beschreiben, diesen Kritikern gab er folgenden Bescheid: »Hier haben wir den Unterschied zwischen uns und Dante. Dieser schrieb eine Menge über die Hölle, ohne sie je gesehen zu haben. Wir schreiben über Chicago, nachdem wir es uns ganz genau angesehen haben *(after looking the place over)*.«

Das war sehr »amerikanisch« gesagt, sehr »demokratisch« und betont *low brow* (eine Tonart, mit der man in Chicago gern kokettiert, auch wenn man es ganz gehörig hinter den Ohren hat), und wenn es sich beinah so anhörte, als wolle der Sprecher die Stadt Chicago mit der Hölle vergleichen, so war es gewiß nicht so gemeint. Er war nicht einmal das, was man im heute geläufigen Sinne des Wortes einen »kritischen Realisten« nennt. Sein Grundgefühl war affirmativ, war ein hochherzig ausfahrender, weltumarmender *élan vital,* der alles einräumt, alles in Kauf nimmt, was gegen ihn spricht oder zu sprechen scheint, Elend, Laster, Verbrechen, alles, was sein Chicago an »Nachtseiten« zu bieten hatte, und der, indem er einräumt und in Kauf nimmt, wieder und wieder triumphiert. Seine Moral war die Solidarität mit allem, was Beine hat, sein Ton eine effektvolle Mittellage zwischen Bibelvers und Parlando. Der Protagonist seines bekanntesten Gedichts – und ich spreche hier noch einmal von der schon zitierten Eröffnungskantate seiner *Chicago Poems,* die schon 1914 in der (noch heute florierenden) Zeitschrift *Poetry* erschienen war –, sieht so aus:

Barhäuptig,
Schaufelschwingend,
Niederreißend,
Planend,
Bauend, abbrechend, wiederaufbauend,
Unter dem Rauch, mit Staub noch und noch um den Mund herum,
lachend mit weißem Gebiß,
Unter der schrecklichen Bürde des Schicksals, lachend,
wie ein junger Mann eben lacht,
Lachend ganz so, wie ein unwissender Kämpfer lacht, der
nie eine Schlacht noch verlor,
Großtun und Lachen ...

Bleibt noch zu sagen, daß Sandburg in diesem Gedicht natürlich von einer ganz anderen Stadt sprach als es die ist, die wir heute vor uns haben, und daß er andererseits doch auch die Identität dieser Stadt mit sich selber, das Dauernde oder besser: das Grundsätzliche an ihr – denn grundsätzlich ausgemacht scheint es zu sein, daß hier nichts für die Dauer gemeint ist – mit denkbar einfachen Worten bezeichnet hat. Der lachende junge Kerl mit dem Prachtgebiß im staubgepuderten Gesicht, den er beschreibt, damals noch barhäuptig, heute würde er einen Schutzhelm tragen, womit ist er beschäftigt? Mit Bauen, Abbrechen und Wiederaufbauen; zwei Zeilen vorher werden wir darauf aufmerksam gemacht, daß vor dem Planen immer das Niederreißen *(wrecking)* kommt. Sandburgs Arbeiter steht also nicht nur für die sprichwörtliche Tatkraft seiner Stadt, sondern gewissermaßen auch für ihre »eingebaute« Vergänglichkeit. Er ist die Verkörperung eines »Willens, der schaffen, aber nicht bewahren will«. Jedenfalls sieht unser Freund Moody P. es so: schon heute macht er sich Gedanken über die Zukunft des hundertstöckigen *John Hancock Center,* das doch erst seit 1959 steht, und in einem Anfall von komischer Verzweiflung beschrieb er uns neulich seine Vision vom baldigen Beginn der Abbrucharbeiten an der grandiosen Architektur. Das Problem der Rentabilität wird aufs Tapet gebracht werden, und das benachbarte Klinikviertel der *Northwestern University,* das wieder einmal nach neuen Grundstücken hungert, wird Interesse anmelden. »Und am nächsten Morgen«, sagt Moody P., »werden sie sich in *City Hall* zusammensetzen, ein paar Stadträte und der Oberbürgermeister, die Entwickler, die Architekten und die dynamischen Geschäftsleute, und dann werden sie anfangen, die Pläne für das Vierte Chicago zu diskutieren.«

Was ist das wirklich Bleibende an Chicago? Vielleicht, sagt sich der Fremde, ist es der Wind, von dem die Windige Stadt ihren Namen hat? Ein berühmter Brecht-Vers fällt ihm ein: »Von diesen Städten wird bleiben, der durch sie hindurchging, der Wind.« Ein Vers, der sich leider nur schwer übersetzen läßt.

XIV.

Noch steht das Dritte Chicago, das Chicago der Daley-Jahre, und mehr als nur *ein* »verlorenes Chicago« steht stillschweigend, abgetan, aber unvergessen hinter den Kulissen. Diese sich unaufhörlich zerstörende und unaufhörlich neu produzierende Stadt – wir haben sie wieder und wieder als windig beschrieben, wie definiert sie sich selbst? Welches ist, wenn es das gibt, ihr »Geheimnis«? Das Wort hat – noch einmal – der *genius loci,* gedacht als das geisterhafte Subjekt ihrer Erinnerung an sich selbst, als ihre sich selbst entwerfende, erdichtende, großartig resümierende Einbildungskraft, und wenn wir ihn reden lassen, beispielsweise mit der Stimme des wortgewaltigen Henry Louis Mencken, der einer der angesehensten Kritiker und Publizisten der zwanziger Jahre war, so muß es mit der Metropole am Michigansee allerdings eine ganz besondere Bewandtnis haben. »In Chicago«, so schrieb dieser Mencken kurz nach dem Ersten Weltkrieg in einem Londoner Wochenblatt, »da gibt es ein geheimnisvolles Etwas, das als Individualität, Persönlichkeit und Charme zu Buche schlägt. In Chicago gibt es einen Geist, der über den Wassern brütet.« Es ist eine berühmte Bibelstelle, auf die hier angespielt wird, es ist der zweite Satz aus dem ersten Kapitel der Schöpfungsgeschichte: »Und es war finster über der Tiefe, und der Geist Gottes schwebte auf den Wassern.« Wir begreifen, daß der zitierte Brecht-Vers, so poetisch er ist, unser letztes Wort in dieser Sache nicht sein kann – es sei denn, wir würden uns entschließen, den glorreichen Wind, der durch die Stadt hindurchgeht, mit Vorstellungen wie Genius oder Geist zu verbinden: Wind und Geist, ein uralter Vergleich.

Was Mencken im Auge hatte, war ein Chicago, das ein paar Jahre lang allen Ernstes den Eindruck machte, als wolle es sich zur literarischen Hauptstadt der Vereinigten Staaten entwickeln. »Finde einen Schriftsteller«, so versuchte er diesen Eindruck zu begründen, »der mit jedem Pulsschlag, jedem Schnaufer, mit allen Drüsen ein unzweifelhafter Amerikaner ist, ein Amerikaner, der etwas Neues und eigentümlich

Amerikanisches zu sagen hat und der es auf eine unmißverständlich amerikanische Weise zu sagen weiß, und in neun von zehn Fällen wirst du entdecken, daß er in irgendeiner Art von Beziehung steht zu jenem gargantuanisch überbordenden Schlachthaus *(gargantuan and inordinate abattoir)* am Michigansee – daß er dort in die Welt gesetzt wurde oder dort angefangen hat oder doch hindurchgegangen ist in den Tagen, da er jung und biegsam war.«

Mencken war alles andere als ein Lokalpatriot (er stammte aus Baltimore im Staate Maryland); was er ausdrücken wollte, war etwas allgemein Zeitgemäßes, es war ein Pathos der Zeitgenossenschaft mit allem, was in seinen Augen neu, kühn, in einem revolutionären Sinne wahrhaftig war. Er sah es in Carl Sandburg, versteht sich, er sah es in Vachel Lindsay, einem dichtenden Vagabunden aus Springfield, Illinois, der 1913 mit dem Gedicht *General William Booth geht in den Himmel ein,* einer Art von satirisch verfremdetem Preisgedicht auf den Gründer der Heilsarmee, Furore gemacht hatte und der dann später aufgrund seines dreiteiligen Zyklus *The Congo* als der erste »Jazzdichter« der Literaturgeschichte ein paar Jahre lang hoch im Kurse stand, er sah es in Lindsays thematischen und rhythmischen Durchbrüchen ebenso wie in seiner wilden, radikal unbürgerlichen, bänkelsängerisch abenteuerlichen Art zu leben (die 1931 mit Selbstmord enden sollte). Das Neue, das Bahnbrechende: er sah es in der »naturalistischen« Prosa eines Sherwood Anderson (aus Camden, Ohio) und in der sardonisch realistischen Grabschriften-Poesie eines Edgar Lee Masters, der als erfolgreicher Rechtsanwalt in Chicago lebte und 1915 mit seiner *Spoon River Anthology* ein meisterhaftes, bis heute unverwelktes literarisches Unikum veröffentlicht hatte; nicht zuletzt sah er es in dem deutschstämmigen Theodore Dreiser, dem künftigen Verfasser der *Amerikanischen Tragödie* von 1927, der aus einem Nest namens Sullivan, Indiana, stammte und 1892, mit 21 Jahren, nach Chicago kam, um es zwei Jahre später wieder zu verlassen, einer von den vielen, die »hindurchgegangen sind, als sie jung und biegsam waren«.

Es war der Bruch mit der *genteel tradition* der amerikanischen Literatur des 19. Jahrhunderts, der in Menckens Kritik proklamiert wurde: einer Literatur der bürgerlichen Wohlanständigkeit, die auf puritanische Konventionen gegründet war; es war die Absage an das, was man in England den Viktorianismus nannte. Diese Welt der schönen Seelen und der manierlichen Beziehungen: von Mencken her gesehen, hatte sie mit dem faktisch gelebten Leben, wie es in den Brennpunkten der gesellschaftlichen, technischen und ökonomischen Entwicklung seiner Tage mit Händen zu greifen war, überhaupt nichts mehr zu tun. Daher sein Votum für den sogenannten »Naturalismus« eines Autors wie Dreiser, für eine Literatur, die auf unverblümte Weise die Dinge beim Namen nannte, und das war eine Entscheidung, in der nicht nur ein neuer Geschmack, sondern auch ein neues Wertgefühl zur Geltung kommen wollte. Es war der Wert des schieren, Tabus abschüttelnden »Lebens«, dem hier das Wort geredet wurde, es war eine Moral des Starkseins und Gefährlichlebens, die Moral einer Existenz auf Teufel komm raus. Mencken berief sich auf Friedrich Nietzsche als den großen maßgeblichen »Modernisten« der Epoche, der mit der großen Lebenslüge der Viktorianer aufgeräumt und die Bahn freigemacht habe für einen neuen revolutionären Kulturbegriff. Er übertrug gleichsam Nietzsche ins Mittelwestliche, er schwärmte von der gewaltigen »Prärie-Energie«, die in der Windigen Stadt am Werke war und der man als Autor mit einer entsprechenden, rückhaltlos wagenden Einbildungskraft zu begegnen habe, und er stand mit dieser Schwärmerei für einen »dionysisch« aufgeheizten Lebensbegriff keineswegs allein. Allenthalben, so scheint es, auch in ganz unwahrscheinlichen Quartieren, konnte man damals Rhapsodisches über jenen »Propheten einer Neuen Kultur« aus Sils Maria hören oder lesen, selbst ein Mann wie der baptistische Theologe George B. Foster, Professor an der Universität von Chicago, erhob seine Stimme für das neue Evangelium des »Lebens«: »Ein Mann ist gekommen, um uns einen Weg zu zeigen *(to be leader),* ein Mann, der wie kein anderer alle Pein und Freude, alle Krankheit und alles Genesen, alles Altsein und alle Jugend unserer angstvollen und gequälten Zeit in sich verkörpert: Friedrich Nietzsche.«

Was Mencken angeht, so war die Entdeckung Chicagos durch das literarische Talent für ihn so etwas wie das Zu-sich-selbst-Finden Amerikas. Das war ein eher spekulativer, auf die Dauer wohl nicht haltbarer Gedanke, er selbst ist später wieder von ihm abgerückt. Für den Augenblick aber schien es zu gelten: ein glückhaftes Zusammentreffen von »Zeit« und »Ort«: einerseits der »Zeitgeist«, andrerseits die gesellschaftlichen Gegebenheiten, einerseits der »Nietzscheanische Traum«, andrerseits das gargantuanische Kraftwerk aus menschlichen Energien am See. Fragt man nach dem literarischen Motiv, an dem dies Zusammentreffen sich auf besonders sinnfällige und allgemein einleuchtende Weise demonstrieren läßt, so fällt die Antwort nicht schwer. Es ist das Erlebnis des Eintreffens in Chicago per Eisenbahn – in jenen Tagen –, es ist das Ankommen eines jungen, ehrgeizigen, oft von bitterster Not getriebenen Menschen auf einem der dröhnenden und menschenüberfüllten Bahnhöfe der *Second City,* wie es einst Theodore Dreiser an sich selbst erfahren und später im ersten Kapitel seines ersten großen Romans *Schwester Carrie* (1900) musterhaft beschrieben hat, und wie es vor ihm und nach ihm von anderen beschrieben worden ist.

Das Motiv muß im Laufe der Jahre etwas Formelhaftes angenommen haben, es war ein *locus classicus* geworden. So finden wir es z. B. noch 1947 in der anekdotenreichen Louis-Armstrong-Biographie *Horn of Plenty des* Franzosen Robert Goffin: an der Stelle, wo er das Eintreffen seines Helden an der Endstation der von Süden heraufgeführten Eisenbahnlinie *Illinois Central* an einem Julitag des Jahres 1921 darzustellen hat. Armstrong kam aus seiner Heimatstadt New Orleans, er war erst einundzwanzig und doch schon unter Kennern berühmt als der »beste Ragtime-Trompeter der Stadt«. Eben deswegen ja diese Einladung nach Chicago, die für ihn eine Befreiung war aus zu eng gewordenen Verhältnissen, ein neuer Anfang mit schwindelerregenden Perspektiven, ein Sich-Öffnen der Welt: »Der Zug erreichte Chicago im Zwielicht eines glühend heißen Tages. Louis trug seinen besten schwarzen Anzug, seinen Derby und einen Hemdkragen, der nach der langen Reise alles andere als fleckenlos war. Während er der eiligen Menge folgend dem nächsten Ausgang zustrebte, spürte er, wie ein Gefühl von unbändiger Kraft in ihm aufwallte ...«

Was Armstrongs Ankunft für Chicago bedeutete, soll im Augenblick noch unerörtert bleiben. In das Menckensche Chicago-Bild gehört sie nicht mehr hinein. Was Mencken im Visier hatte, als er sein hymnisches Feuerwerk zum Ruhme der Stadt in der Londoner *Nation* zum besten gab (April 1920), war mehr oder weniger vorüber. Es hatte sich, nehmt alles nur in allem, in der Zeit von etwa 1910 bis etwa 1920 abgespielt, also etwa gleichzeitig mit den revolutionären Tumulten, die überall in Europa, jedenfalls in seinen führenden Ländern, und in allen Disziplinen der Kunst das Publikum faszinierten oder aber mit Abscheu erfüllten und denen das Entstehen der Ausdruckswelt des 20. Jahrhunderts zu verdanken ist. Gleichzeitig also mit der expressionistischen Literatur und Malerei in Deutschland, mit dem Futurismus in Italien, dem Kubismus in Frankreich, mit Strawinsky, Picasso, Schönberg, Majakowski und Benn.

In der amerikanischen Kritik hatte sich als Bezeichnung für die auch dort allerorten fühlbare Erneuerungsbewegung der Begriff »Renaissance« eingebürgert, man sprach von einer »amerikanischen Renaissance des 20. Jahrhunderts«, später nur noch von der »Chicagoer Renaissance«. Ezra Pound, ein junger Dichter und Kritiker aus Idaho, der sich seit 1908 vorwiegend in Europa herumgetrieben hatte, brachte den stolzen Schlachtruf *American Risorgimento* in Umlauf und prophezeite, daß da etwas im Kommen sei, verglichen mit dem die italienische Renaissance ehrwürdigen Angedenkens als einen »Sturm in der Teekanne« erscheinen würde. Pound war seit 1912 Londoner Korrespondent der Chicagoer Zeitschrift *Poetry,* die im gleichen Jahr von Harriet

Das *Home Insurance Building*, erstes Stahlskelettgebäude der Geschichte. Erbaut 1883–85 von William Le Baron Jenney, abgerissen 1931.

Erste kartographische Aufzeichnung über den Verlauf der Straßen im heutigen Downtown-Bereich mit katasteramtlichen Angaben über die Grundbesitzverhältnisse im Jahre 1834.

Navy Pier und – hart nördlich davon – die künstliche Halbinsel mit den Wasserwerken von Chicago (1966). Im Hintergrund die Skyline der Stadt.

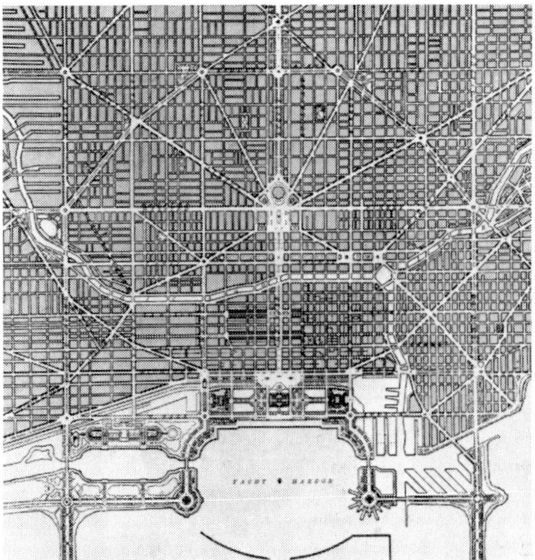

Der berühmte *Chicago Plan* von Daniel H. Burnham und Eduard H. Bennet (1909), der die künftige Entwicklung der Stadt nach sozialen und ästhetischen Gesichtspunkten programmieren sollte.

Louis Sullivan (1856–1924) aus Boston, ab 1873 in Chicago. Schüler von Le Baron Jenney, führender Architekt der Chicagoer Schule des Neuen Bauens.

Das *Auditorium Building* an der South Michigan Avenue, eine der bedeutendsten Schöpfungen Sullivans und seines Partners Dankmar Adler (1889). Ursprünglich eine Kombination von Hotel, Geschäftshaus und Theater (4200 Plätze), jahrelang Behausung der Chicagoer Oper, seit 1946 Sitz einer nach F. D. Roosevelt genannten Universität.

Frank Lloyd Wright (1869–1959) aus Wisconsin, seit 1887 in Chicago. Schüler von Sullivan. Gilt heute als der bedeutendste amerikanische Architekt der Epoche.

Das *Robie House* an der 58. Straße, das bekannteste Beispiel des von Wright entwickelten *Prairie House*-Stils (1909).

Ludwig Mies van der Rohe (1886–1969) aus Aachen. Nach dem Ersten Weltkrieg einer der kühnsten Avantgardisten unter den Baumeistern der Weimarer Republik. Seit 1938 in Chicago.

Die *Lake Shore Drive Apartments* von Mies van der Rohe (1952), Musterbeispiele einer radikalen Glas- und Stahl-Architektur.

Die zylindrisch geformten *Marina Towers* am Nordufer des Chicago River, 1964/67.

Oak Street Beach, ein beliebter Badestrand östlich von North Lake Shore Drive. Im Hintergrund das *John Hancock Center*.

Monroe, einer gebürtigen Chicagoerin aus angesehener Familie, gegründet worden war. Pound war schon mit 27 Jahren eine kritische Autorität ersten Ranges, er hatte von London-Kensington aus gewissermaßen die Sache der englisch-amerikanischen Avantgarde in seine persönliche Regie genommen, und es wird berichtet, daß er sowohl damals in England als auch später in Paris in ständigem freundschaftlichem Umgang mit Autoren wie T. S. Eliot, James Joyce, Ernest Hemingway und anderen wahre Wunderwerke kritischer Hebammenkunst und höchst Eindrucksvolles an menschlicher Hilfsbereitschaft vollbracht hat.

Pound in London: der Dichter im Exil. Ein Baudelairescher Albatros, der davon überzeugt war, daß man es in der amerikanischen Gesellschaft mit einer Ansammlung von damals etwa neunzig Millionen amusischer Philister beziehungsweise »Trottel« zu tun hatte und daß die freiwillige Verbannung für einen Amerikaner womöglich die einzige Chance war, in Freiheit zu entwickeln, was in ihm angelegt war. In zeitgenössischen Beschreibungen erscheint er als das Musterbeispiel eines ins »eduardische« London verschlagenen *poète maudit*: schwarzer, flacher, breitrandiger Hut, ein dunkles Cape um die Schultern geschlagen, dann der rötlich flammende, spitz zulaufende Kinnbart und eine Wolke von interessanter Düsternis auf dem »mephistophelischen« Gesicht. Oder er stieg in grünen, aus Billardtuch geschneiderten Hosen herum, trug dazu einen rosafarbenen Rock, ein blaues Hemd, eine handgemalte japanische Krawatte, einen riesigen Sombrero und einen einzelnen, auffallend großen blauen Ring im Ohr. Ein Poseur, so muß es vielen Leuten vorgekommen sein, vielleicht ein Scharlatan ... Und doch war er für Miss Monroe, als sie ihn zu ihrem *foreign editor* ernannte, genau der richtige Mann in genau der richtigen Stunde. Denn was sich dort in papageienhafter Aufmachung so betont antibürgerlich in Szene setzte, war allerdings ein Talent von revolutionärer Energie, ein Kritiker mit dem absoluten Gehör, ein Vermittler und Organisator von hohen Graden.

So wurde dieser Ezra Pound zum *spiritus rector* einer neuen literarischen Kultur, und sein Kensingtoner Studio erwies sich als der archimedische Punkt, um im weit entfernten Chicago die Dinge in Bewegung zu setzen und das kleine, zunächst nur in einer Auflage von tausend Exemplaren erscheinende Magazin zu einer Zeitschrift von internationalem Ansehen zu machen. Es gelang ihm, den Iren William Butler Yeats, der damals unter den englisch schreibenden Dichtern als der führende galt, für *Poetry* zu gewinnen. Er brachte den späteren indischen Nobelpreisträger Rabindranath Tagore heran, er empfahl den Amerikaner Robert Frost, der verzweifelt nach London geflohen war, weil es ihm nicht gelungen war, in der Heimat zu reüssieren, er schickte reichliche Lieferungen auch aus der eigenen Produktion. Als er Miss Monroe im Jahre

1914 das Gedicht *The Love Song of J. Alfred Prufrock* von einem bis dahin unbekannten amerikanischen Philosophie-Studenten aus St. Louis namens Thomas Stearns Eliot anbot, war sie zunächst alles andere als erbaut, oder vielmehr: sie war entschieden befremdet. Mehr als ein Jahr lang ließ sie das sonderbare Produkt ungedruckt herumliegen, denn als Poesie, so fürchtete sie, würde man so etwas kaum durchgehen lassen können, dann endlich, in der Juni-Nummer des Jahres 1915, brachte sie es heraus. Heute gilt Mr. Prufrocks tragikomische Liebesklage als ein klassischer Text von epochemachender Bedeutung. Mit ihm habe, so liest man's in der jüngsten Ausgabe der *Encyclopedia Britannica,* die »poetische Revolution des 20. Jahrhunderts« ihr erstes reifes Meisterstück zustande gebracht.

»Chicago«, wenn man so will, hatte sich durch die Gründung und erfolgreiche Durchsetzung dieser Zeitschrift an die Spitze einer revolutionären literarischen Bewegung gesetzt. Zwar: in New York zog man die Augenbrauen hoch und mokierte sich über die lächerliche Liaison von »Poesie und Schweinefleisch« *(poetry and porkopolis)*; aber New York hatte eben, wenn man Mencken glauben will, keine Ahnung. New York war literarisch unproduktiv, und es herrschte dort ein Geist der Mittelmäßigkeit und der ängstlichen Leisetreterei, gepaart mit einer Art von abgestandenem Snobismus. Was den Mittleren Westen, wo jetzt alles Wesentliche passierte, vor allem auszeichnete, war das genaue Gegenteil von jener intellektuellen Verfeinerung und Abgefeimtheit *(sophistication),* auf die man sich im alten, müden New York so viel zugute tat; es war – wörtlich – »die elementare Neugier eines einfachen und gewissermaßen ungebildeten Volkes – das naive Vergnügen von Schweinemetzgern, Frachtenverteilern und Weizenstaplern an dem großartigen Kampfgetöse widerstreitender Ideen. New York gefällt sich in der Rolle einer überlegenen geistigen Versiertheit, und zum Teil ist das nicht einmal falsch. Boston ist bereits senil. Philadelphia ist zu dumm, um überhaupt interessiert zu sein. In Chicago aber gibt es diese Begierde, zu hören und zu sehen, Erfahrungen zu machen und Experimente anzustellen. Die Stadt ist kolossal reich an Möglichkeiten, sie wandelt sich ständig, sie lechzt danach, sich hervorzutun ...«

Anderthalb Jahre nach Harriet Monroes Start hatte der Geist, der in Chicago über den Wassern brütete, eine neue Idee: er erfand Margaret Anderson, die Erfinderin der *Little Review,* einer Vierteljahresschrift (zeitweise Monatsschrift) für Kunst und Literatur, die von 1914 bis 1929 (mehr oder weniger) existiert hat. Margaret Anderson war eines der faszinierendsten Geschöpfe, die je in den Annalen der Windigen Stadt eine Spur hinterlassen haben. Man Ray hat sie 1930 in Paris fotografiert: Halbprofil, mit eng anliegender dunkler Garbo-Kappe und einem weichen, melancholischen, weltverlorenen Blick, eines der schönsten Gesichter seiner Zeit. Als sie mit 21 Jahren nach Chicago kam – sie war, gleichsam zufällig, in Indianapolis zur Welt gekommen und hatte sich frühzeitig aus unerquicklichen häuslichen Verhältnissen losgerissen –, muß sie alle Welt aus der Fassung gebracht haben. »Blonde Göttin«, »klassische altnordische Züge«, »goldenes Haar und unirdisch blaue Augen«: so und ähnlich liest sich das Gestammel der Chronisten. Auf der Straße starrten Passanten ihr entgeistert ins Gesicht; betrat sie mit einem Herrn, der schlecht angezogen war und vielleicht nicht viel mehr als einen Dollar in der Tasche hatte, ein Restaurant, so wurde ihr wie einer Königin gehuldigt, und das Orchester spielte nur noch für sie. Dabei war sie fast mittellos, unabhängig, eigensinnig und von einer Art heiterer, aber eiserner Unnahbarkeit gegenüber »romantischen« Annäherungsversuchen. Mehrere Monate lang, im Sommer 1915, hauste sie, weil ihr das Apartment zu teuer oder zu langweilig geworden war, mit ein paar Büchern und Klamotten in einem Zelt am Seeufer, etwa dreißig Meilen nördlich der Stadt, genoß die allmorgendliche Schwimmerei, die Sonnenaufgänge und die Gesellschaft einer Schwester, die mit Kindern und Dienstmädchen nebenan kampierte, und fuhr von dort aus regelmäßig in die Stadt, wo sie im *Fine Arts Building* an der *South Michigan Avenue* (gleich neben Sullivans *Auditorium Theatre*) für ihre Zeitschrift ein Quartier gemietet hatte.

Heute gilt ein vollständiges Exemplar der *Little Review* als unbezahlbare Kostbarkeit und wird, so vorhanden, von den Bibliotheken in sogenannten *Special Collections* unter Verschluß gehalten. Damals gab es für die Mitarbeiter keine Honorare, und selbst mit den Druckkosten wäre man kaum zu Rande gekommen, wenn nicht der Geist, der über den Wassern schwebte, von Zeit zu Zeit ein kleines Wunder inszeniert hätte: ein Frank Lloyd Wright oder ein Vachel Lindsay griff in die Tasche und zauberte einen Hundertdollarschein heraus, oder jemand zog einen Diamantring vom Finger und sagte: Ich brauche ihn nicht mehr, verkauf ihn und bring ein paar neue Hefte heraus. (Es war die Dichterin Eunice Tietjens.) Keine Honorare, aber ein ständiges Gedränge von Autoren und Besuchern, ein Bienenstock voller neuer Ideen. Der Wind von Sils Maria wehte herein, Henri Bergson hatte seine Stunde. Die Eröffnung der legendären *Armory-Show* (Kasernen-Ausstellung) in New York (1913) und bald darauf in Chicago, in der sich die »Wahnsinnigen aus Europa«, die Picasso und Braque, Munch und Kandinsky und im weißglühenden Zentrum jener unerhörte *Akt, eine Treppe herabsteigend* von Marcel Duchamps, zum ersten Male einem amerikanischen Publikum präsentierten, wurde wie eine Offenbarung gefeiert.

Little Review war radikaler als *Poetry*. Der Monroe war es noch um die Erziehung des Publikums gegangen, sie hatte einen Satz von Walt Whitman als Motto auf ihr Titelblatt gesetzt: »Wenn man große Dichter haben will, dann muß es auch ein großes Publikum geben.« Für die Anderson zählte allein der Künstler, alles andere war gleichgültig. Ihr Programm war: »Keine Kompromisse mit dem allgemeinen Geschmack.« Ihre Besessenheit kreiste um die Kultbegriffe »Leben« und »Kunst«: »Leben« gedacht als der neue mittebildende Wertbegriff – und erlebt als »eine einzige Folge von Ekstasen« *(just one ecstasy after another)* – und »Kunst« als der »Ausdruck« des Lebens, auch sie ein Absolutum an und für sich selbst. *To express the emotions of life is to live. To express the life of emotion is to make art.* Das war, wie sie noch viele Jahre später erklärt hat, das Credo der *Little Review.*

Ihre Anziehungskraft auf junge Autoren muß unwiderstehlich gewesen sein. T. S. Eliot, Malcolm Cowley, Hart Crane, Gertrude Stein, Marianne Moore: lauter scharfe, brillante, radikal denkende Köpfe, kompromißlos arbeitende Talente. Später auch Hemingway – er stammte aus Oak Park, einem westlichen Vorort von Chicago, den Frank Lloyd Wright durch zahlreiche Bauten aus seinen frühen Jahren berühmt gemacht hat –, schließlich Joyce, der vielleicht größte, jedenfalls aber skandalöseste ihrer Autoren. Natürlich gab es auch Widersacher, ihr sibyllinisches Gehabe konnte nicht jedermanns Sache sein. So Upton Sinclair, Verfasser des grimmigsten aller Bücher über die Schlachthöfe, dem sie – leichtsinnig genug – eine Reihe ihrer Hefte hatte zukommen lassen. »Bitte«, so schrieb er an sie, »hören Sie auf, mir die *Little Review* zu schicken. Ich verstehe davon rein gar nichts mehr, und deshalb interessiert es mich nicht länger.« Margaret Andersons Antwort war genau entsprechend: »Bitte hören Sie auf, mir Ihr Sozialistenblatt zu schicken. Ich verstehe jedes Wort darin, und deshalb ist es für mich nicht länger interessant.«

Als Siebenunddreißigjährige, ein Jahr nach dem Eingehen der *Little Review,* hat Margaret Anderson eine Autobiographie veröffentlicht, und zwar unter dem Titel »Mein dreißigjähriger Krieg«. Ihr lebenslänglicher Feind, so erklärt sie dort, sei »die Wirklichkeit« gewesen, sie sagt nicht: »die Gesellschaft«. Sie hatte einen andern Begriff von Radikalität als Upton Sinclair, der sich als radikalen Gegner der gesellschaftlichen Verhältnisse verstand, sie war – gewissermaßen – »radikaler« als er. Ihr Leben, insofern und solange man es als eine »Laufbahn« ansehen kann, war eine fortgesetzte Donquichotterie, und zwar, wie sie noch 1930 behauptete, eine »erfolgreiche«. Ihr spektakulärster »Erfolg« im Kampf gegen die Wirklichkeit war die Affäre Joyce, will sagen die Entscheidung, das – noch im Entstehen begriffene – Manuskript des *Ulysses,* des damals, 1918, unmöglichsten, heute berühmtesten Erzählwerks der modernen Literatur, kapitelweise vorabzudrucken, d. h. die Existenz der *Little Review* für dies Ungeheuer von einem Roman in die Schanze zu schlagen.

Das Manuskript war durch Ezra Pound, die »Londoner Autorität«, die neuerdings die *Little Review* noch sehr viel interessanter, weil »avantgardistischer« fand als *Poetry,* in ihre Hände gelangt. Der Entschluß, es unter allen Umständen zu veröffentlichen, »und wenn es die letzte Anstrengung unseres Lebens sein sollte«, war ganz im Sinne jenes Geistes, der in Chicago über den Wassern brütet. Dabei waren sie, Margaret und ihre nicht weniger brillante und kaum weniger exzentrische Mitarbeiterin Jane Heap, schon seit längerer Zeit nicht mehr in Chicago. Nach einem kurzen Zwischenspiel in Kalifornien hatte man Anfang 1917 Chicago gegen New York eingetauscht und im südlichen Manhattan ein eher dürftiges Quartier gefunden. Die Aussichten waren düster: die *Little Review* war im Begriff, in ihre unbedingteste Phase einzutreten, und die Zahl der Subskribenten schrumpfte zusammen.

Margaret Andersons »Erfolg« bestand darin, daß sie und Jane, beginnend im April 1918, fast drei Jahre lang jeden Monat ein Stück *Ulysses* herausbrachten und daß in einer Reihe von Fällen alle Exemplare der betreffenden Ausgaben (soweit man sie der Post anvertraut hatte) wegen angeblicher Obszönitäten auf Anordnung der Postbehörde der Vereinigten Staaten dem Feuer übergeben wurden. »Es war, was mich betraf, wie ein Verbrennen auf dem Scheiterhaufen«, schreibt Miss Anderson in ihren Erinnerungen: »die Mühe, die wir uns gegeben hatten, um Joyces Text unversehrt zu erhalten, die Unruhe wegen der Rechnungen, die sich anhäuften, wenn keinerlei finanzielle Deckung vorhanden war; die Techniken, die ich gegen Drucker, Buchbinder, Papierlieferanten anwenden mußte – Tränen, Bitten, hysterische Szenen, Wutanfälle – um sie anzutreiben, und zwar ohne jede Garantie einer Bezahlung, das Adressieren, Verpacken, Frankieren, Zur-Post-Bringen, das gespannte Warten auf die Antwort der Welt und das literarische Meisterwerk unserer Generation ... und dann nichts als eine kurze Nachricht vom Postamt: VERBRANNT.«

Im Herbst 1920 standen Margaret Anderson und Jane Heap vor Gericht, um sich wegen der im Juli/August-Heft erschienenen Nausikaa-Episode zu verantworten. Zwei weißhaarige Beisitzer schliefen ein, die Plädoyers der Gutachter, in denen der Name Sigmund Freud vorgekommen sein soll, wurden nicht verstanden. Baudelaire und Flaubert, beide im Jahre 1857 in Paris wegen unmoralischer Schriften verurteilt, standen unsichtbar Modell. Als der Vertreter der Anklage den Antrag stellte, die indizierten Obszönitäten laut vorlesen zu lassen, kam einer der beiden Schläfer wieder zu sich, warf auf Margaret einen Blick, den diese als »väterlich beschützend« empfand, und erhob Einspruch gegen die Absicht, vor den Ohren einer offensichtlich wohlerzogenen jungen Dame derartige Unflätigkeiten laut zum besten zu geben. »Aber sie ist ja die Herausgeberin«, sagte mit einem Lächeln der Verteidiger: John Quinn, ein hochintelligenter, mit Pound und Eliot befreundeter, mit den Bestrebungen der Avantgarde sympathisierender Zeitgenosse. Die Posse nahm ihren Lauf, die Angeklagten wurden zu Geldstrafen verurteilt, das *corpus delicti* wurde konfisziert. Beide Damen mußten ihre Fingerspitzen hinhalten, um Abdrücke herstellen und sich als amtsbekannte Delinquenten registrieren zu lassen.

Die 1959, also fast vierzig Jahre nach Margaret Andersons Prozeß, veröffentlichte Joyce-Biographie von Richard Ellmann, dem bedeutendsten Joyce-Experten unserer Tage, beginnt mit dem Satz: »Wir sind immer noch dabei zu lernen, die Zeitgenossen von James Joyce zu sein: unseren eigenen Interpreten zu verstehen.« Der Satz gibt uns einen Begriff davon, was es für Margaret Anderson bedeutet haben muß, ganz am Anfang einer Rezeptionsgeschichte, die Jahrzehnte in Anspruch nehmen sollte, im Kampf gegen den bücherverbrennenden Stumpfsinn der »Wirklichkeit« auf seiten der Zukunft zu stehen – eine Jeanne d'Arc der Avantgarde. Schon zwei Jahre später, 1922 – es war das *annus mirabilis,* mit dem Ezra Pound eine neue Zeitrechnung beginnen ließ, weil in ihm die erste Buchausgabe des *Ulysses* erschien, und zwar in Paris, d. h. im Exil –, denkt sie daran, ihre Zeitschrift einzustellen und diese strapaziöse »Polarexpedition« von einem Leben (alles Leben nur noch dazu dienend, das Leben zu fristen) hinter sich zu lassen, doch scheitert sie für den Augenblick an dem erbitterten Widerstand ihrer Partnerin. Wenig später sind sie dann alle in Europa, will sagen, in Paris.

XV.

Inzwischen – aber was heißt »inzwischen«? Die Geschichte einer Stadt ist ja keine Romanhandlung, sie ist kein »Text«, der gleichsam von einem einzigen Urheber »autorisiert« wäre: was wir uns vorzustellen haben, ist ein unübersehbares Vielerlei von sowohl gleichzeitig als auch nacheinander stattfindenden Geschichten, die ganz verschiedenen Zusammenhängen angehören und nichts voneinander »wissen«. Margaret Andersons Verschwinden aus Chicago, mag es nun ein Omen gewesen sein, betreffend das allmähliche Abklingen der Chicagoer »Renaissance«, oder auch nicht, und (beispielsweise) die Ankunft des Jazztrompeters Armstrong auf dem Zielbahnhof der *Illinois Central* im Juli 1921 haben nichts »miteinander zu tun«. Armstrongs Auftreten in Chicago und die zeitweise führende Rolle, die Chicago in der Entwicklung der Jazzmusik gespielt hat, das ist eine »andere« Geschichte, und sie betrifft ein »anderes« Chicago.

Es ist eine Geschichte, die in New Orleans, im Deltagebiet des Mississippi begonnen hatte, ebendort, wo in den Jahren um 1900 die früheste vollausgebildete Stilform der schwarzen Musik entstanden war. Man sollte wohl, bevor man auf das legendäre Vergnügungsviertel der alten Hafenstadt, genannt *Storyville,* zu sprechen kommt, daran erinnern, was für das Selbstbewußtsein der schwarzen Unterschicht das Musizieren in einer Fasson, die ihr ureigenstes Produkt war, bedeutet haben muß. Musik als soziales Bindemittel, Musik bei allen erdenklichen geselligen und öffentlichen Anlässen: Hochzeiten, Taufen und Leichenbegängnissen, Picknicks und Paraden, Gottesdiensten und Jubiläen, und daraus, daß viele dieser Feierlichkeiten im Freien stattfanden, mag das Dominieren der Trompete über alle anderen Instrumente zu erklären sein. Alle Berühmtheiten in jenen frühen Jahren der Jazzkultur von New Orleans, von Buddy Bolden über Joe »King« Oliver bis zu Armstrong, waren Trompeter.

Sie alle freilich sind nirgendwo anders als in den anrüchigen Nachtclubs des *Red light district* von Storyville berühmt geworden, in der parfum- und alkoholdunstgeschwängerten Luft von Bordellen und Bumslokalen; denn hier gab es die stetige lebhafte Nachfrage nach begabten Leuten, hier bildeten sich Ensembles, hier winkte auch dem getretenen schwarzen *underdog* aus den Hinterhöfen von *Perdido* und *Jane Alley* die Chance, zu Geld zu kommen, sich vor anderen auszuzeichnen und dadurch ein gewisses Maß von Bewegungsfreiheit zu erkämpfen. Ist es wahr, daß das Hurenviertel von New Orleans als die »eigentliche« Brutstätte des Jazz zu betrachten ist? So will es die Legende, und wenn es zutrifft, was der schwarze Saxophonist Sidney Bechet aus New Orleans in seiner Autobiographie behauptet: daß *jazz* (ursprünglich *jass*) ein lokales Slangwort für Geschlechtsverkehr gewesen sei, dann wird man dieser Legende eine gewisse Glaubwürdigkeit nicht absprechen können.

Im Herbst 1917 wurde auf Anordnung der Bundesregierung und sehr gegen den Willen des betroffenen Bürgermeisters der fröhlich-skandalöse Rummelplatz von Storyville von heute auf morgen geschlossen. Es war wenige Monate nach dem Eintritt der Vereinigten Staaten in den Krieg, der Hafen war zur kriegswichtigen Marinebasis geworden, und mit all jenen einschlägigen Ärgernissen, die das Stadtoberhaupt als »notwendiges Übel« in einer Hafenstadt von der Größe der seinigen in Kauf zu nehmen bereit gewesen war, vor allem mit den ewigen Krawallen und Gewalttätigkeiten unter besoffenen Landurlaubern, sollte ein für allemal aufgeräumt werden. Das war das Ende für viele Hunderte von Arbeitsplätzen, nicht nur im ältesten Gewerbe der Welt. Auch zahlreiche Schankwirte, Türsteher, Hausknechte, Handlanger und eben Musikanten waren betroffen. Der Auszug der »Madames« und ihrer Trabanten aus dem Distrikt der Roten Lichter am 12. November 1917 muß ein Schauspiel von rührend-komischer Denkwürdigkeit gewesen sein, es hat denn auch unter Schriftstellern, auch Filmemachern viele Liebhaber gefunden. »Es war ein Anblick«, so hat ein Augenzeuge sich erinnert, »den niemand von uns je vergessen wird: diese letzte Nacht mit all den unentwegt spielenden *bands,* den Rag-Pianisten, die Stunde um Stunde weiterspielten und nur selten mal Pause machten, um rasch auszutrinken. Die Madames der großen, üppigen, teuren Etablissements, die in ihren Kutschen davonrauschten – in andere Stadtteile oder andere Ortschaften irgendwo am Golf. Es gab Paraden und Feuerwerke und bewegte Abschiede, wie wir sie nie zuvor erlebt hatten – man hätte denken können, die Deutschen wären schon da. Männer und Frauen, die sich zu Fuß davonmachten und alles, was sie besaßen, mit sich schleppten – Stühle, Kleider, Matratzen, kleine Kinder, eine endlose Prozession, und sie dauerte die ganze Nacht ...«

Es war das Ende oder doch der Anfang vom Ende der Jazzkultur von New Orleans; das Inkrafttreten der Prohibition zu Beginn des Jahres 1920, so wird behauptet, gab ihr den Rest. Als erster von den großen Könnern verließ der einäugige Joe »King« Oliver, Sohn einer schwarzen Köchin, der auf einer Plantage zur Welt gekommen war, die Stadt und ging, zweiunddreißig Jahre alt, schon wenige Wochen nach der Schließung von Storyville mit seinem Kornett im Gepäck nach Chicago. In New Orleans war er die unbestrittene Nummer Eins gewesen; auch in Chicago, so schien es, blieb das Glück ihm treu: in knapp zwei Jahren gelang es ihm, sich als erfolgreicher *bandleader* zu etablieren. Als er dann aber im Sommer 1921 an Louis Armstrong, den brillantesten seiner ehemaligen Schüler, ein Telegramm schickte, um ihn zu fragen, ob er bereit sei, für dreißig Dollar in der Woche nach Chicago zu kommen und als zweiter Trompeter bei ihm einzutreten – er brauchte Verstärkung für seine kleine Truppe in *Lincoln Garden* an der 31. Straße –, da war es wohl doch schon nicht mehr das eigene Glück, es war das Glück eines Jüngeren, das er, König Oliver, zu machen im Begriffe war. Oder vielmehr: es war die Stadt Chicago, die das Glück hatte, durch den einen auch den anderen für sich gewonnen zu haben. Denn damit war diese Stadt nun tatsächlich zum neuen Hauptquartier der schwarzen Musik geworden, d. h. zum Mittelpunkt einer zweiten »Renaissance«, die sich als *musikalisches* Ereignis in zahlreichen stilistischen, geographischen und »persönlichen« Varianten innerhalb von wenigen Jahren über das ganze

Land verbreitete, dann auch Ozeane überspringen und in andere Kontinente hinüberwirken sollte und zugleich als *sozialer* Vorgang kaum weniger bedeutend war. In Louis Armstrong kam beides zusammen: die musikalische Innovation und die soziale (emanzipatorische) Antriebskraft. Er war nicht nur ein Musiker von unglaublicher Vitalität und Begabung, sondern auch ein bewußter Missionar der schwarzen Musik und damit der schwarzen »Sache« überhaupt. So erscheint er – schon in jungen Jahren – als die entscheidende Schlüsselfigur der Entwicklung.

Was seine jazzgeschichtliche Bedeutung angeht, so sind sich alle seine Bewunderer darin einig, daß es die einzigartige Energie und die unerschöpfliche Erfindungskraft seiner solistischen Improvisationskunst gewesen ist, durch die er, fußend auf den Traditionen seiner Heimatstadt, den dort zu »klassischem« Ansehen gelangten Ensemble-Stil aus den Angeln gehoben hat. Die »klassische« Besetzung einer New-Orleans-*band* bestand aus drei melodietragenden Instrumenten (Kornett, Klarinette und Posaune) und einer Rhythmusgruppe mit Banjo und Schlagzeug. Es herrschte eine Art Arbeitsteilung: jedes Instrument war auf eine bestimmte Funktion festgelegt, hatte aber innerhalb des ihm zugewiesenen Aufgabenbereichs volle Freiheit des Ausdrucks, so daß man nicht ohne Grund von einem Stil der kollektiven Improvisation gesprochen hat. Louis Armstrong, das aus dem finstersten Getto von *Perdido* ausgebrochene Naturtalent, das erst lange nach seinem 20. Jahr gelernt hatte, Noten zu lesen, brachte ein neues Gesetz. Wenn er sich erhob, das Instrument an seine dicken, »stählernen« Lippen setzte und mit berserkerhaft anschwellendem Hals und geschlossenen Augen in einen seiner wilden, ekstatischen, den Himmel ersteigenden Alleingänge ausbrach, so ließ er gleichsam das Ensemble aus seinen Nähten platzen, und für den Augenblick gab es dann nur noch ihn: den einzelnen in dramatischer Konfrontation mit der eigenen Mannschaft und mit einem zu wonnevoller Raserei getriebenen Parkett. So hat er Schule gemacht und im Wettstreit mit anderen und im Zusammenspiel mit anderen ein neues »Vokabular« entwickelt. Was als die Befreiung der Solo-Stimme aus der Gebundenheit an das Team seinen Anfang nahm, das wurde dann in wenigen Jahren auch seinerseits wieder zu einer normenbildenden Übereinkunft. In einer berühmt gewordenen Serie von Aufnahmen, die er mit seinen beiden Gruppen *The Hot Five* und *The Hot Seven* in den Jahren 1925 bis 1928 herstellen ließ, wurde der neue Stil sozusagen »kodifiziert«. Unter seinen Partnern waren der Pianist Earl Hines, der Schlagzeuger Zutt Singleton, der vielseitig begabte Kid Ory und die Brüder Johnny und »Baby« Dodds (Klarinette bzw. Trommel), die meisten von ihnen immer noch aus New Orleans.

War es das Goldene Zeitalter des Jazz, wie öfters behauptet worden ist? Es waren die Jahre, in denen das lokale Idiom von New Orleans sich zu einer musikalischen Weltsprache entwickelt hat, in seiner weltläufig differenzierten Form auch die Tonsprache der europäischen Avantgarde zu beeinflussen begann und in den Konzertsälen und auf den Opernbühnen des gebildeten Publikums salonfähig wurde. Was die Stadt Chicago anging, so waren es eben jene Jahre, in denen sie sich den penetrant schlechten Ruf erwarb, den sie bis heute nicht losgeworden ist. Es war die Zeit der großen Gangsterbosse mit den breiten Hutkrempen und meist italienischen Familiennamen wie Big Jim Colosimo, John Torrio und Al Capone, Zeit der Killer und der *racketeers,* im Rathaus half die Unterwelt regieren, Schnapsballons wurden in Särgen, Maschinenpistolen in Geigenkästen transportiert: Zeit der allgemeinen Versumpfung des sozialen Geländes als offenbar unausweichliche Folge der rigorosen Trockenlegung der Nation. *Nobody's on the legit* war die Formel, die den fiebrig-desperaten Ausnahmezustand dieser Jahre am treffendsten bezeichnete: Niemand steht auf dem Boden des Gesetzes.

Es waren Verhältnisse, die zum Himmel schrien, aber jazzfeindlich waren sie nicht. Mag es in New Orleans so gewesen sein, daß mit der Einführung der Prohibition die Lichter des »klassischen« Zeitalters endgültig ausgegangen sind, in Chicago war es anders. Hier gab es diese berühmten *speakeasies,* die nach dem Alkoholverbot wie Pilze aus dem Boden geschossen und bald zur stehenden Einrichtung geworden waren: illegale Bars und Tavernen, wo man zu trinken hatte, was man wollte, und wo auch junge Musiker immer gerne gesehen waren. Es ist behauptet worden, daß die *speakeasies* von Chicago in ihrer Eigenschaft als feuchtfröhliche Mistbeete einer neuen Jazzkultur das genaue Gegenstück zu den Hurenhäusern von Storyville gewesen seien. Das klingt wie eine soziologische Patentformel, wir nehmen sie mit Interesse zur Kenntnis, aber womöglich mit einem Körnchen Salz. Die großen Tanzlokale an der *South Side,* wo Oliver und Armstrong mit ihren *bands* aufspielten, das *Dreamland,* das *Plantation Café,* den *Lincoln Garden* wird man nicht gut als *speakeasies* bezeichnen können. Aber mit alkoholfreien Restaurants wird man sie auch nicht verwechseln dürfen.

Was sich damals tat in Chicago, war übrigens nicht einfach eine Eroberung der Stadt durch die schwarzen Pioniere aus dem Süden. Es war ein Aufeinandertreffen von gegensätzlichen Elementen: Süden und Norden, Schwarz und Weiß. Armstrong selbst hat es so gesehen: »Es war reiner Zufall«, konnte er sagen, »daß der Swing« – er sagte *Swing!* – »und ich Seite an Seite in New Orleans geboren und aufgezogen wurden, dann zusammen den Mississippi hinauffuhren, und im Jahre 1922 waren wir in Chicago und lernten den Norden kennen, und der Norden machte seinerseits unsere Bekanntschaft.« Daß man nicht schwarz sein mußte, um in einer *jazzband* eine gute Figur zu machen, das hatte sich längst herumgesprochen, und Armstrong wäre der letzte gewesen, das zu bestreiten. Gab der »Süden« den Ton an, so gab der »Norden« Bescheid, und zwar in der Sprache von »New Orleans«, das heißt in Form einer Huldigung an den Süden. So bildete sich im Herbst 1921 unter der Führung eines Pianisten aus St. Louis ein Ensemble von weißen Jazzleuten, das sich *New Orleans Rhythm Kings* nannte und das mitten im Loop, in einem Ausschank namens *Friars Inn,* den Originalgenies auf der Südseite gewissermaßen »entgegentrat«. Was sie zu bieten hatten, war nicht zu verachten, aber die eigentlich zündende oder gar ebenbürtige Antwort des »Nordens« war es noch nicht. Die kam erst ein paar Jahre später, und zwar kam sie aus der Trompete eines Zweiundzwanzigjährigen namens Leon Bismarck, genannt »Bix«, Beiderbecke aus Davenport im Staate Iowa.

Wer war Bix Beiderbecke? Er kam aus einer stockbürgerlichen, aber erzmusikalischen Familie deutsch-amerikanischen Herkommens (mit dem Akzent auf »deutsch«), daher dieser abenteuerliche zweite Vorname, der dann auf Bix verkürzt werden konnte. Als er noch nicht achtzehn war, schickten ihn die Eltern auf die exklusive Militärakademie von *Lake Forest* in Illinois. Was sie sich dabei gedacht haben, läßt sich vermuten. Er war zwar extrem musikalisch, im übrigen aber auf eine schwer erklärliche Weise nicht recht vorhanden, sich und anderen ein Rätsel. *Lake Forest* sollte ein regelrechtes Mannsbild aus ihm machen; daß er den Teufel im Leibe hatte, konnte man noch nicht wissen. Lake Forest lag an der nördlichen Grenze der nördlichen *suburbia* von Chicago, kaum zehn Meilen entfernt von der Stelle, wo einst Margaret Anderson ihr Zeltlager aufgeschlagen hatte. Bix Beiderbecke muß sich dort gefühlt haben wie weiland der Schulpflichtige René Rilke aus Prag in der Kadettenanstalt von St. Pölten: todunglücklich – und doch auch wieder nicht gänzlich verloren, eben weil Chicago, damals die Jazzmetropole der Welt, so zum Greifen nahe war: die phantastischen Nachtlokale an der Südseite, nicht weit von den Schlachthöfen, die berühmten Trompetenduelle zwischen Armstrong und King Oliver, das aufregende *black-and-tan-*Syndrom, will sagen das leichtherzig-beschwipste Überspielen der Schattengrenze zwischen den Rassen. Bald finden wir ihn an Ort und Stelle, ganze Abende verbringt er buchstäblich zu Armstrongs Füßen, er glüht wie im Fieber, kann sich nicht satt hören, schließlich spricht er ihn an: »Sie sind der beste Trompeter, den ich jemals gehört habe ...« Schon nach wenigen Monaten wirft ihn *Lake Forest* hinaus.

Sein Leben war kurz, seine Karriere fragmentarisch und lückenhaft, durch eine unstabile Gesundheit gehandikapt. Eine kalte, extrem unsentimentale Rücksichtslosigkeit im Umgang mit sich selbst, ein unverkennbarer Drang zur Selbstzerstörung tat ein übriges, um ihn mit nicht ganz achtundzwanzig Jahren zur Strecke zu bringen. (Amtliche Todesursache: Lungenentzündung.) Er spielte in einer ganzen Reihe der besten weißen Jazzorchester der zwanziger Jahre, mit den *Wolverines* in Chicago und New York, mit Frankie Trumbauers Leuten in St. Louis, nicht zuletzt – in den Jahren 1928 bis 1930 – mit der Jazz-»Armee« des phänomenalen Zweizentnermannes Paul Whiteman aus Denver, Colorado, der unter den erfolgreichen *bandleaders* jener Zeit vielleicht der renommierteste war, aber auch als der Erfinder des sogenannten »symphonischen Jazz« im Konzertsaal den Maestro spielte – so dirigierte er Anfang 1924 in New York die Uraufführung der heute weltberühmten *Rhapsody in Blue* von George Gershwin – und schließlich in dem Film *King of Jazz* (1930), einem der frühesten Tonfilme der Geschichte, sich als Superstar der Gilde feiern ließ.

»Symphonischer Jazz«, so hat man argumentiert, sei, genaugenommen, ein Widerspruch in sich selbst, die strikte Unterordnung der solistischen Impulse unter das Gesetz der symphonischen Orchestrierung habe zu einer beklagenswerten Verarmung des »Vokabulars« führen müssen. Bix Beiderbeckes Domäne aber war das improvisierte Hornsolo, war das scharf blitzende, das sehrende, verzehrende Legato seiner Ad-libitum-Figuren, war die »introspektive Neugier« seiner harmonischen Experimente, war der Ton, der als »rein«, als »exquisit« und was weiß ich alles gepriesen und doch mit Worten nie befriedigend definiert worden ist, weil nur er selber sich im Wiedererklingen als das, was er in Wahrheit war, »definieren« könnte.

Bix Beiderbecke, wenn irgendeiner, war die ernstzunehmende »Antwort des Nordens« auf die Aufforderung zum Tanz, die aus dem Süden gekommen war. Er war der erste weiße Musiker, der von schwarzen Jazz-Leuten nicht nur bewundert, sondern auch nachgeahmt worden ist. So wird erzählt, daß sein auf einer Schallplatte der Trumbauer-*band* überliefertes Ad-libitum-Solo aus *Singing the blues* von namhaften schwarzen Musikern Note für Note studiert und nachgespielt worden ist. Als er im August 1931 starb – und er starb, so lesen wir in dem Buche *Remembering Bix* seines Biographen Ralph Berton, »wie er gelebt hatte: beiläufig, ohne Umstände und natürlich bankrott« –, da war es kaum mehr als eine Handvoll Kollegen und Fans, die eine Ahnung davon hatte, wer und was da gewesen war. Erst sein Nachleben hat ihn allgemein bekannt gemacht und die Einzigartigkeit seiner Erscheinung deutlich werden lassen. Die Legendenbildung setzte frühzeitig ein, sie wurde durch die Veröffentlichung und massenhafte Verbreitung des rührseligen, nach dem Modell B. B. geschneiderten Künstler-Romans *Young Man with a Horn* von einer gewissen Dorothy Baker (1938) mächtig gefördert und hat noch in jüngster Zeit wunderliche Blüten getrieben. So findet sich in der sonst glänzend geschriebenen Biographie von Berton (1974) der nur schwer verdauliche Satz: »Wie Jesus, van Gogh und andere begabte Außenseiter, fand Bix diese Welt unbewohnbar ...«

Aber kehren wir noch einmal zu Louis Armstrong zurück. Ist es wahr, so sollten wir uns fragen, daß man, um erstklassigen Jazz zu machen, den Teufel im Leibe haben mußte, und daß, wer den Teufel im Leibe hatte, grundsätzlich nicht damit rechnen konnte, in Frieden alt zu werden? Wie viele von denen, die Armstrong gekannt und bewundert hat, und die ihn ihrerseits bewundert und von ihm gelernt, mit ihm musiziert und Triumphe gefeiert haben, sind frühzeitig verstummt, gestrandet, durch Selbstzerstörung vor die Hunde gegangen! Schon Buddy Bolden, geboren 1868 in New Orleans, erster Hornsolist der Jazzgeschichte, sagenumwobener »Gründervater« der ganzen Zunft, ein Mann, von dem man nicht viel mehr weiß, als daß er überwältigend großartig gewesen sein soll und daß ihn Armstrong und King Oliver noch *in absentia* wie einen Propheten verehrt haben: mit 38 Jahren verläßt ihn – plötzlich – seine Kraft, seine Persönlichkeit fällt in sich zusammen, mit 39 verschwindet er in einem Irrenhaus, um nie wieder aufzutauchen. Oder Bessie Smith, die schwarze Bluessängerin aus Chattanooga in Tennessee. Sie galt als die »Größte« ihrer Generation, und wenn sie mit Armstrong zusammen erschien oder die brillante (schwarze) Fletcher-Henderson-*band* im Rücken hatte, wurde sie als die Größte aller Zeiten bejubelt, als die »Kaiserin des Blues«, eine Legende auch sie. Ihr »Problem« war der Alkohol, ein anderes die allmählich schwindende Popularität ihrer Texte und Weisen. Mit dreißig begann der Abstieg, der lange, verzweifelte Kampf gegen das Unabwendbare, mit siebenunddreißig dann schon das Ende durch Autounfall auf einem Highway in Mississippi. Ein Ende, das als finsterer Balladenschluß überliefert wird: soll doch ein »weißes« Hospital ihrer Rasse wegen sich geweigert haben, sie aufzunehmen, als noch Zeit gewesen wäre, sie zu retten.

Oder die höllisch begabte (und anziehende) Billie Holiday aus Baltimore, die mit fünfzehn in einem Harlemer Nachtklub debütierte. Auch ihr Thema war: *The Lady sings the blues,* ihre Vorbilder hießen Armstrong und Bessie Smith. Ihr Leben war ein gepfefferter Filmstoff mit kolportagehaften Zügen: Glanz und Elend in dichter Besetzung, Affären, »private« Tragödien, vor allem: Rauschgift. Noch auf ihrem Totenbett wurde sie deswegen (zum zweiten Mal) verhaftet. Sie starb 1959 im Alter von 44 Jahren.

Und Oliver? Joe »King« Oliver, Armstrongs ältester Freund, Förderer, Spezi und Rivale? Ihm hatte der Jüngere in aller Freundschaft schon den Rang abgelaufen, noch ehe ihr erstes gemeinsames Jahr in

Chicago zu Ende gegangen war. Was danach kommen würde, war abzusehen. Ein paar Jahre noch, um sich mit Anstand zu behaupten, und dann das Unabwendbare, siehe Bessie Smith. Neue Namen, neue Arrangements, ein neuer Geschmack. Ein junger weißer Klarinettenspieler aus Chicago, Jahrgang 1909, machte von sich reden, sein Name war Benny Goodman. 1933 gründete er sein eigenes Orchester, zwei Jahre später, nach einer schwindelerregend erfolgreichen Amerika-Tournee, war er König: *The King of Swing* ... Joe Oliver starb 1938, verarmt und völlig vergessen, in der Hafenstadt Savannah an der Küste von Georgia im Alter von 52 Jahren.

Sie alle, die hier genannt wurden, hat Louis Armstrong um viele Jahre überlebt, auch den einen, der vielleicht sein einzig möglicher Herausforderer war oder es hätte sein können, den jungen weißen Kornettspieler aus Davenport, diesen sogar um volle vier Jahrzehnte. Er war kein stigmatisierter Einzelgänger, der die Welt »unbewohnbar« gefunden hätte. Er war ein Mann der Welt, ein Liebling des Publikums, wo er ging und stand, eine extrovertierte, ansteckend humoristische Buffo-Natur, generös, weltklug und warmherzig. Er war, darin sind alle Kenner sich einig, der bedeutendste Meister seines Instruments in der Geschichte des Jazz, aber er war auch der »menschliche«, wenn nicht politische Protagonist einer Bewegung von erstrangiger Bedeutung für die Zivilisation unseres Jahrhunderts, die sich, ausgehend von New Orleans, zu seinen Lebzeiten über die Welt verbreitet hatte. Sein Name, Armstrong oder Satchmo (abkürzend für *Satchelmouth,* was man sehr frei und ohne Gewähr mit »Maultasche« übersetzen könnte), stand für die Sache selbst. Er war Entertainer, war Broadway-Star und Filmdarsteller (mit Mae West, Barbra Streisand und anderen), auf triumphalen Tourneen in alle fünf Kontinente hat er als *Goodwill Ambassador* für die schwarze Musik und für sein Land, das schwarze Volk seines Landes, geworben. Das Erstaunlichste aber an dieser abenteuerlichen Karriere mag es gewesen sein, daß es ihm vergönnt war, jene »Unabwendbarkeit« des Wiederabsteigens nicht erleben zu müssen, sondern bis zuletzt oben und vorne zu sein, von niemandem überholt und verdrängt zu werden, obwohl er sich als Künstler sozusagen überhaupt nicht »entwickelt« hatte, als nahezu Siebzigjähriger immer noch derselbe war, der seinerzeit in Chicago für dreißig Dollar in der Woche bei Joe »King« Oliver eingestiegen war. Gestorben ist er im Sommer 1971 in New York.

XVI.

Chicago, erklärte der Präsident mit gewinnendem Lächeln, sei »eine der schönsten Städte des Landes.« Oder sagte er nicht sogar, um vor seinem Publikum nicht als kleinlicher Querkopf dazustehen: »der Welt«? Denn er sagte es bei allerdings zwingender Gelegenheit: im Hotel Palmer House mitten im Loop und vor den Ohren von ein paar Hundert tafelnden Honoratioren der Demokratischen Partei, die seit Menschengedenken in der Windigen Stadt regiert. Es war an einem späten Maiabend des Jahres 2 A. D., was im heutigen Chicago nicht *Anno Domini,* sondern *After Daley* heißt; der Präsident, von dem die Rede ist, war der neununddreißigste der Vereinigten Staaten: Jimmy Carter im zweiten Jahr seiner einzigen Amtszeit, der ihm gegenüber sitzende Oberbürgermeister hieß Michael Bilandic. Inzwischen sind sie beide nicht mehr in ihren damaligen Ämtern, auch Bilandic, der als loyaler Gefolgsmann des großen Daley Karriere gemacht hatte, wurde im Frühjahr 1979 nach zweijähriger Herrschaft durch eine spektakuläre Wählerentscheidung entmachtet. Was ihn zu Fall brachte, war ein Winter des allgemeinen Mißvergnügens, der mit der massiven Bösartigkeit einer Naturkatastrophe über die Stadt hergefallen war und sie, beginnend am Silvesterabend des Jahres 1978, mit einer Serie von Schneestürmen, wie sie seit Jahren nicht mehr erlebt worden waren, unter sich begraben, sie aber zusätzlich noch mit arktischen Temperaturen von anhaltender Hartnäckigkeit heimgesucht hatte.

Es zeigte sich, daß Mayor Bilandic diesen Angriffen nicht gewachsen war. Er wurde mit den Schneemassen nicht fertig, das Nicht-enden-Wollen der weißen Plage drückte ihn an die Wand, die Unpassierbarkeit der Straßen, der elende Zustand der öffentlichen Verkehrsmittel, die dumpfe Schwermut von Zehntausenden von autolosen Autofahrern, die höhnischen Kommentare von Presse- und Fernsehleuten, die in seinem maskenhaft weißen Pokergesicht nicht den stoischen Gleichmut seines Vorgängers, sondern nur noch Arroganz und Nonchalance gegenüber den Nöten der City erkennen wollten. Sein politisches Mißgeschick wollte es, daß ihm in einer früheren City-Hall-Referentin, die er als zu eigenwillig gefeuert hatte, eine unversöhnliche Feindin entstanden war: Jane Byrne, ein politisches Nachwuchstalent aus Daleys Schule auch sie, irisch von Geblüt, ein neues, ein jugendliches Gesicht. Sie hatte die von Daley in zwanzig Jahren entwickelte, scheinbar idiotensichere demokratische Parteimaschine gegen sich, aber den Volkszorn auf ihrer Seite, und was sich daraus ergab, war ein denkwürdiges Schulbeispiel amerikanischer »Graswurzel-Demokratie«. Am 28. Februar 1979 wählte das Volk die zierliche, aber resolute, von ihrem Ehemann als

»kleiner Feuerspucker« *(a little spitfire)* treffend charakterisierte Person zur Kandidatin ihrer Partei und Anfang April dann auch prompt zur neuen Regentin der Metropole am See, einer, wie gesagt, der »schönsten Städte des Landes«.

Ein Staatspräsident hat einen anderen Blick für die Dinge als ein Schriftsteller. Er denkt in Kartenbildern und Resümees, denkt rhetorisch, panoramatisch, sozusagen von Aussichtstürmen herab. Er denkt nicht an die *skid row* von Chicago, er hat das *New Michigan* nie gesehen. Er hat, wie wohl dieser oder jener Schriftsteller nicht ohne Sarkasmus bemerken würde, »das Ganze im Blick«. Aber ist das ein Grund, sein Wort für unzuständig, seine Perspektive für wirklichkeitsfremd zu erklären?

Auch »das Ganze«, behaupte ich, ist sehenswert. Wer sich dieses Ganze vor Augen bringen will, das Ganze in summarischer, an den Rändern sanft verdämmernder Gestalt, der kann nichts Besseres tun, als sich im Expreß-Fahrstuhl zum 103. Stock des *Sears Tower* hinauftragen lassen – und das wird er, Achtung Weltrekord!, in etwas weniger als einer Minute geschafft haben – und von dort aus betrachten, was unter ihm liegt. Schulklassen, Touristen und Andenkenverkäufer werden ihm Gesellschaft leisten.

Der erste (stumme) Begeisterungsschrei gilt dem See. Seine Leere, seine scheinbare »Unendlichkeit«, sein sattblaues Leuchten! Anders als in der Stadt Cleveland am Eriesee, wo man das Seeufer mit lauter Industrie verstellt und verschandelt hat, ist in Chicago die entsprechende Zone frei und offen geblieben. Keine unabänderliche Scheidung der Bereiche zwischen Stadt und See, immer nur ein vielseitig variierbares In- und Miteinander. An vielen Stellen sind abgesprengte Partikel des Sees – als Bootshafen, Marina oder Parkteich – in das städtische Territorium eingemeindet worden; andrerseits hat man durch massive Aufschüttungen das Seeufer mehr oder weniger weit nach Osten verschoben. Hat beispielsweise schon bald nach dem Großen Feuer den Brandschutt dazu verwendet, das Stadtgebiet vor allem östlich vom heutigen Zentrum auf Kosten des Sees um zwei bis drei Quadratmeilen zu erweitern. Der See als »Baugelände« für ausdehnungslustige Unternehmer: so war es damals, in den Gründerjahren des Zweiten Chicago, und so ist es bis heute geblieben. Neuere Glanzleistungen dieser Landgewinnungspraxis waren in den sechziger Jahren die Herstellung einer viereckigen Insel unmittelbar nördlich vom *Navy Pier,* die als Basis für ein hochmodernes Wasserwerk zu dienen hat – hier wird der größte Teil der mehr als drei Milliarden Gallonen Wasser filtriert, die Chicago jährlich verbraucht –, oder die Einrichtung eines funkelnagelneuen Campus, komplett mit Sport- und Parkplätzen, Konzert- und Theatersälen, Sternwarte, *Student Union* und mehreren wissenschaftlichen Instituten

Innenansicht des *Rookery*-Gebäudes (1886) an der La Salle Street mit den Gold- und Elfenbein-Ornamenten von Frank Lloyd Wright (1905).

Die Michigan-Avenue-Brücke hebt sich, um ein Schiff passieren zu lassen. Im Hintergrund links das *Wrigley Building*.

Hauptportal zum ehemaligen Schlachthöfe-Bezirk, errichtet 1865.

Sears Tower, mit 443 Metern das höchste Gebäude der Welt (1974).

Der gläserne Aufzugsschacht im *Water Tower Place* (1976).

Kunst am Bau. Das Mobile von Alexander Calder in der westlichen Lobby des *Sears Tower*.

auf einer zu diesem Zwecke produzierten Halbinsel durch die Regenten der Universität von Evanston. Auch die Anlegung eines neuen Flughafens mitten im See (die wegen der drohenden Überfüllung von O'Hare schon ernstlich diskutiert worden ist) wäre für die Stadtväter des heutigen Chicago kein unlösbares Problem.

Im alten Venedig wurde alljährlich am Himmelfahrtstag die Hochzeit der Stadt mit dem Meere gefeiert. Der Doge warf einen Ring ins Wasser, um das ewige Bündnis der *Serenissima* mit dem Leben, Reichtum und Herrschaft spendenden Element zu bekräftigen. Nicht so Chicago. Sein Geist ist durchaus neuzeitlich und »entmythologisiert«, sein Verhältnis zum See pragmatisch-geschäftsmäßig, und wenn es ein Pathos hat, ist es das Pathos eines sich alles »Machbare« zutrauenden Wollens. Die Germanisten von *Northwestern* nennen es »faustisch«: zweifellos in Gedanken an den Deichhauptmann Faust, gegen Ende des zweiten Teils von Goethes Weltgedicht, der »auf freiem Grund mit freiem Volke stehen« will. »Faustisch« ist gar nicht so übel, weil es uns einmal an Goethes in der Tat sehr entschiedene Sympathie für Amerika, zum andern aber auch an den besonders großen Anteil der Deutschen an der Entwicklung Chicagos erinnert. Wenn das aber gelten soll, so darf nicht verschwiegen werden, daß der faustische Mensch sich am Seeufer von Chicago in erster Linie als Gartenarchitekt bewährt hat: von dreißig Meilen Uferzone präsentieren sich vier Fünftel als Parkgelände und öffentlicher Strand. Und all das, so beteuert die Stadtverwaltung in zahlreichen Prospekten und Pamphleten, ist von Menschen gemacht worden, *man made.* Was bedeutet, daß man fast überall den ursprünglichen Charakter der Seeküste im Interesse der menschlichen Bedürfnisse stark verändert hat.

Ich will nicht behaupten, daß ich alles, was ich hier erwähnt habe, vom »Himmelsdeck« des *Sears Tower* aus mit eigenen Augen auch tatsächlich erkennen kann. Was ich sehe, ist ein allerdings sehenswertes Stück vom *Lake Shore Drive,* eine Strecke von vielleicht zehn Meilen Länge, wie sie von Süden herauf kommt, dieses und jenes Berühmte »aus älterer Zeit« (erstes Viertel des Jahrhunderts) miteinander verbindet, ausgedehnte Parklandschaften verschiedner Stile durchschneidet, Brücken kreuzt, Lagunen umspielt, kleine Buchten links und rechts liegen läßt, augenblicksweise sich vom Festland beinah ganz zu lösen und als Straßendamm über seichtes Gewässer dahinzuschießen scheint. Es ist die *Grande Corniche* von Chicago, ein Erzeugnis begabter Tiefbauingenieure und doch von merkwürdig magischer Wirkung auf den Betrachter. Woran erinnert sie mich? An die Lebenslinie einer Hand.

Eine solche Turmbesteigung ist in der Tat ein rechtes Probatmittel gegen die Sage von der »düsteren Stadt«. Du bist hier noch nicht einmal einen halben Kilometer über dem Seespiegel, und schon gerät das menschliche Tal der Tränen mit seinen unzähligen Geschicken und Geschichten außer Sicht, und »alles geht seinen Gang«. Einzelheiten fallen unter den Tisch, und der »Große Plan« tritt mächtig einleuchtend hervor. Bahnhöfe, Gleisanlagen, Flußbrücken und der *Circle-Campus* der *University of Illinois* erscheinen als Sandkastenmodelle ihrer selbst. So auch die Stadtautobahnen im Westen mit ihren Heerwürmern von Fahrzeugen, einige Zehntausende pro Stunde, ameisengroß und ostereierbunt, und die zweistöckigen Superzüge der *Chicago and North Western,* die wie gelbe Raupen ins Land hinaus kriechen. Das »Gitterrost«-Muster des Straßennetzes von Chicago ist gut zu erkennen, man sieht aber auch, daß das Prinzip nicht konsequent angewendet worden ist. Einige Hauptverkehrsadern gibt es, die sich an die alten »prähistorischen« Indianerpfade gehalten haben und nun als schneisenschlagende Einzelgänger nach Süd- und Nordwesten laufen, Ogden Avenue im Süden, Lincoln im Norden und andere.

Dann aber laß den Blick nach Osten und Nordosten wandern, und du hast das erstaunlichste Spektakel von der Welt vor Augen: eine Armada von Vertikalen vor einem Hintergrund aus Himmel und luftpostblauem See. Vorwiegend alte Bekannte natürlich, nur diesmal nicht aus der Fußgängerperspektive von unten und nicht als malerische *sky line* aus der Ferne gesehen, sondern von oben und ganz aus der Nähe, also gewissermaßen von der Kehrseite her. Wodurch sich denn augenblicksweise der Eindruck einer futuristischen Montage ergeben kann: eine Szenerie aus Apparaturen, Kuben, Röhren, Antennen und Zylindern empfiehlt sich der Sympathie des Betrachters. Schlagendstes Beispiel immer wieder das Zwillingspaar der *Marina Towers* mit ihrem verwegenen Bekenntnis zur Ästhetik des Verbrennungsmotors. (In Europa, zum Beispiel bei BMW in München, hat man das inzwischen übernommen und abgewandelt.) Es ist das aktuelle Chicago unserer Tage. Fast alles, was hier Sensation macht, als großer Name ausgeschrieben ist, bei den Schulklassen von Mund zu Mund geht, ist in den letzten zwanzig Jahren entstanden. Für dies Chicago (das »dritte«) gilt heute und hier, was Le Corbusier vor Jahrzehnten einmal in avantgardistischer Begeisterung über New York gesagt hat: daß es eine Stadt sei, »die durch eine andere Stadt (je und je) ersetzt werden kann«.

XVII.

Ganz anders das Bild, das der Präsident im Sinn gehabt haben muß, als er Chicagos Schönheit pries. Für ihn muß es die Seefront gewesen sein, die er heraufrufen wollte, also der Anblick, der sich bietet, wenn man sich von Osten nähert, sei es zu Schiff, sei es in einem langsam und niedrig fliegenden Flugzeug, oder wenn man von einer der kapartig vorspringenden Landspitzen aus fotografiert. Großes Panorama aus *sky line* und *front yard*: so nennt man hier die der *sky line* vorgelagerte Park- und Lagunenzone; man könnte das versuchsweise mit »Vorgarten« übersetzen. Ein Stadtbild mit Aura und geschichtlichen Erinnerungen. Geschichte einerseits als lokale Tradition, als Stadt- und Nationalgeschichte – *Grant Park* und *Lincoln Park* heißen die beiden bedeutendsten Abschnitte dieses verschwenderisch ausgedehnten Vorgartenbereichs –, und Geschichte andrerseits als ein legitimes Sich-heimisch-Wissen in den Überlieferungen der westlichen Zivilisation vom perikleischen Athen bis zur Belle Epoque und sozusagen als Fortschreibung bzw. *Über*schreibung dieser Erbschaften an die neue Gesellschaft auf dem Boden der Neuen Welt.

So hat man im *Grant Park* – so genannt nach dem Kriegshelden Ulysses Grant, der im Bürgerkrieg als Generalissimus der Nordstaaten die Kapitulation des Südens entgegennahm und später zweimal zum Präsidenten gewählt wurde – die Gartenkultur des französischen Barock adoptiert. Versailles mit seinen streng abgezirkelten Symmetrien ist das Vorbild, auch die zentrale Brunnenanlage von Versailles hat man in Chicago wiederholt und eben damit ins Amerikanische übersetzt, d. h. man hat ihren Umfang mehr als verdoppelt, hat im »Buckingham-Brunnen« mit seinen 133 wasserspeienden Düsen die möglicherweise größte Fontäne der Welt geschaffen. *Lincoln Park* hingegen ist ein »Englischer Garten«, ein Meisterwerk des empfindsamen Stils mit ausdrucksvollen Unregelmäßigkeiten, malerischen Promenaden, Baumgruppen, Rasenflächen und Teichen. Ausflugsziele noch und noch, und das beliebteste ist der Zoo – gesprochen *suu* –, ein Tierpark von Weltrang, mit der ihm angegliederten *Farm-in-the-Zoo,* einer lebensgroßen, blitzsauberen und vollständig eingerichteten Musterfarm für neugierige Großstadtkinder. Man findet sie nicht weit vom Raubtierhaus, wo ein sibirischer Tiger von gewaltigem Format als prominentester Gefangener residiert.

Hier im *Lincoln Park* gibt sich die Stadt ganz als die standesbewußte Tochter Europas, die mit einer reichen Aussteuer in ein neues Zeitalter eingetreten ist. Standbilder, rund dreißig an der Zahl, die sich in angemessenen Abständen voneinander entfernt halten, sollen uns daran erinnern, was man da alles an Überlieferung, an Geistesgröße und

Tatenruhm mit über den Ozean geschleppt hatte. Shakespeare und Schiller, Beethoven und Garibaldi, der Däne Christian Andersen und der schwedische Naturforscher und Geisterseher Emanuel Swedenborg, alle weit überlebensgroß, eine Art Honoratiorenclub der Unsterblichen. Am südlichen Ende des Parks begrüßt uns ein hoch aufgeschossener Abraham Lincoln aus der Werkstatt des einst berühmten Augustus Saint-Gaudens. Blick nach Süden, von wo ja damals die große Herausforderung gekommen war. Die Stirn leicht gesenkt, in den Zügen ein Ausdruck von prüfender und hart geprüfter Nachdenklichkeit. Keine Spur von Herrscherallüre, nichts von Blut und Eisen, aber auch nichts von landesväterlicher Jovialität. Ein bürgerlicher Mensch, Rechtsanwalt aus Springfield, Illinois, seinerzeit, im Mai 1860, hier in Chicago zum Präsidentschaftskandidaten der Republikaner gewählt. Sein Anzug ist von altväterisch-anmutiger Einfachheit: Querbinder, geknöpfte Weste und Uhrkette, alles in blaßgrüner Bronze porträtgetreu nachgebildet, und darüber dies ergreifend »humane« (und sehr moderne) Gesicht. Was liest man darin? Die Weltgeschichte, um es mit Hegel zu sagen, sei »nicht der Boden des Glücks«.

Der *Lincoln Park* in der heutigen Bedeutung des Wortes schließt ein, was an neueren Anlagen westlich und östlich des *Lake Shore Drive* auf künstlich verbreitertem, oft weit in den See hinausgeschobenem Ufergelände entstanden ist; es erstreckt sich viele Meilen weit nach Norden – bis zu einer Stelle, wo der Drive sich mit einer scharfen Linkskurve vom See abwendet und im gemächlichen, von Ampeln geregelten Straßenverkehr der nördlichen Innenstadt verschwindet. Der »alte«, um nicht zu sagen der klassische Teil des Parks geht, von Lincolns Standort aus gesehen, über die ersten zwölf Blocks nicht hinaus. Die Straße, die ihn nördlich begrenzt, heißt *Diversey Parkway*. Dort steht, genau gegenüber einer Zweiergruppe von Wohn-Hochhäusern aus dem Studio Mies van der Rohe, ein Goethe-Monument von wahrhaft titanischen Ausmaßen. Kein Porträt diesmal, sondern ein in Bronze gegossener allegorischer Gedanke, Goethes Geist sozusagen in Gestalt eines nackten Epheben, der sich in halb stehender, halb steigender Pose präsentiert. Das rechte Bein stützt sich auf eine felsartige Erhebung, auf dem rechten Oberschenkel sitzt ein Adler, das Wappentier der Majestäten. Auf einem gewaltigen, klassizistisch stilisierten steinernen Sockel liest man die Worte: *To Goethe / The Mastermind of the German People. / The Germans of Chicago.*

Was wir da vor uns haben, ist das Ergebnis eines Wettbewerbs, der kurz vor dem ersten Weltkrieg ausgeschrieben wurde, als die Deutschen von Chicago – genauer, die noch in Deutschland geborenen Einwanderer und ihre Kinder – mit mehr als vierhunderttausend Menschen alle anderen ethnischen Gruppen an Kopfzahl übertrafen und mit ihren Sängerbünden, Turnvereinen, Biergärten, mit ihren Schulen und mehr als einhundert Kirchen im sozialen Leben der Stadt eine bedeutende, wenn nicht tonangebende Rolle, in ihrem Musikleben jedenfalls die erste Geige spielten. So kann zum Beispiel auch das *Chicago Symphony* genannte städtische Orchester, das heute unter Sir Georg Solti zu den renommiertesten der Welt gehört, als eine »deutsche« Gründung bezeichnet werden. Sein erster Leiter war ein gebürtiger Hannoveraner namens Theodor Thomas, für ihn und seine Truppe hat man 1905 die noch heute florierende *Orchestra Hall* an der Michigan Avenue gebaut.

Hier im Park hatte man nun offenbar dem eigenen kulturellen Selbstgefühl ein Denkmal setzen wollen, indem man das Kolossale mit dem Lieblichen zusammenbrachte – eine wunderliche Mesalliance. So noch heute zu besichtigen an anspruchsvoll auffälliger Stelle, wo man, die Kammhöhe des alten vorgeschichtlichen Seeufers ausnützend, eine flache, runde, tempelplatzartige Hügelkuppe, die nur zur Straße hin steil abgeböscht ist, geschaffen hat, das hünenhafte Kind in der Mitte. Der heutige Betrachter glaubt zu erkennen, daß die Chicagoer Deutschen sich mit diesem »Goethe« auf eine etwas genierliche Weise übernommen haben. Was sich da zeigt, ist eigentlich ein Niemand, ein Wesen ohne charakteristische Identität (weder Ganymed noch Prometheus), es ist das Allgemeine, das Idealisch-Leere ohne eine Spur des Besonderen oder gar Persönlichen, wenn auch in außerordentlich muskulöser Gestalt. Das Werk stammt von dem Münchner Akademieprofessor Hermann Hahn, der ein passionierter Verehrer des deutsch-florentinischen Großbildhauers Adolf von Hildebrand war.

Was er nicht alles für Geschichten in petto hat, dieser ungemein unterhaltende Park! Merkwürdig ist ja auch dieser noch jugendliche Kavalier aus dem späten 18. Jahrhundert, der da nur hundert Schritt hinter dem »Meisterdenker« des deutschen Volkes, auf einen gewaltigen Unterbau aus schwarzem Granit gestellt, in kerzengrader Haltung nach Norden blickt. Sein Name ist Alexander Hamilton, er war der erste Schatzkanzler der Vereinigten Staaten, und das muß der Grund gewesen sein, warum man ihn von oben bis unten mit gleißender Goldfarbe bemalt hat. Merkwürdiger noch, was sich etwa einen Steinwurf weiter östlich, wo der Grasboden gegen den See zu ein leicht abschüssiges Gefälle erkennen läßt, hinter einem kleinen halbkreisförmig angelegten Gehölz von Ahornbäumen den Blicken mehr oder weniger entzieht. *Aber abseits, wer ist's?* Es ist der redliche John Peter Altgeld aus Nieder-Selters in Hessen-Nassau, Gouverneur von Illinois für nur eine kurze, aber bedeutende Amtszeit, während welcher er verletztes Recht wiederherstellte, jene drei überlebenden »Anarchisten« von 1886 freizulassen befahl, später beim Präsidenten Cleveland gegen den Einmarsch von Bundestruppen zur Bekämpfung einer Streikbewegung in den Pullmanwerken zäh und nachhaltig protestierte und sich in vier Jahren so große moralische und politische Verdienste erwarb, daß er von der Nachwelt als Idealfall eines »menschlich« engagierten Politikers verehrt und sein Leben als die Geschichte einer Passion, als ein tragisches Sich-Verzehren im Kampf gegen Ungerechtigkeit, kaltschnäuzige Profitgier und reaktionäre Verbocktheit erinnert wird.

Sein Denkmal zeigt ihn auf einer kreisrunden steinernen Plattform stehend, die Arme halb schützend, halb abwehrend von sich gestreckt, in seiner Rolle als Nothelfer der Erniedrigten und Beleidigten. Eine Gruppe von Menschen in proletarischer Aufmachung, Mann, Weib und Kind, haben sich von seitwärts unten an ihn herangedrängt, sein Blick geht nach Osten, die kunstlos, ja krude zusammengebastelten Züge haben einen Ausdruck von desperater Entschlossenheit. *The little Dutchman,* so hatten sie ihn genannt, alle, die ihn mochten, seinen Mut bewunderten: der kleine Deutsche*. Man glaubt einen Ton von Zärtlichkeit herauszuhören, vielleicht mit einer Beimischung von Trauer und Ironie. Noch der letzte öffentliche Auftritt seines Lebens im März 1902 war ein leidenschaftliches Aufbegehren gegen die Dinge, wie sie waren: das Recht immer in der Defensive und das Unrecht hoch zu Roß. Denn »überall«, so wird berichtet, sah er die Schwachen von den Starken unterdrückt, ausgeplündert und brutalisiert. Sein aktueller Anlaß war die Lage in den südafrikanischen Burenrepubliken, wo damals Weiße gegen Weiße standen, die Engländer eine Politik der verbrannten Erde praktizierten und die Frauen und Kinder der burischen Guerillakämpfer in Konzentrationslagern gefangenhielten. Während seiner Rede – in einem Theater der kleinen Stadt Joliet südwestlich von Chicago – muß er den Eindruck eines Menschen gemacht haben, der am Ende seiner Kräfte ist. Schwindelanfälle machten ihm zu schaffen, Schweißausbrüche quälten ihn. Dann aber soll er sich noch einmal gewaltig zusammengerissen haben, um mit einer hoffnungsvollen Note zu schließen: *Wrong may seem to triumph. Right may seem to be defeated. But the gravitation of eternal justice is upward toward the throne of God . . .* Dann brach er zusammen, kaum daß er es geschafft hatte, mit Hilfe von andern in den Kulissen der Bühne zu verschwinden. Die Ärzte stellten eine schwere Gehirnblutung fest. Er starb, vierundfünfzig Jahre alt, noch in derselben Nacht.

* *Dutchman,* eigentlich »Holländer«: volkstümliche Bezeichnung für Deutscher

XVIII.

So viel, für den Augenblick, über die düstere Rückseite der Epoche, die man auf unserer Seite des Atlantik die »schöne« genannt hat. Sieht man nur auf die Vorderseite, auf die den Kunstsinn ansprechende urbane Szenerie, so ist es diese Stadt, das Chicago der Vorgartenzone, das uns am stärksten an die Stadtbilder der europäischen Belle Epoque, sagen wir Brüssel oder Paris oder St. Petersburg, erinnern muß. Man baute, dekorierte und »landschaftete« nach dem Prinzip des *revivalism,* ein Begriff, der auf keinen bestimmten Stil festgelegt ist, sondern grundsätzlich den gesamten Formenreichtum der abendländischen Kunstgeschichte als erneuerungsfähig zur Diskussion stellte. Also »Klassizismus« im weitesten Sinne des Wortes: Tempelgiebel und Säulenreihen, griechische Propyläen und Rundbogenportale, Neo-Renaissance in französischer oder italienischer Manier, Neogotisches, Neobyzantinisches, eben alles, ein Resümee.

Revivalism gilt hier unter Kennern nicht als epigonal oder minderwertig. Man muß nur Carl Condit hören, international anerkannte Autorität über Sullivan und die Chicagoer Schule (und Professor an *Northwestern*), muß sich einmal von ihm auseinandersetzen lassen, wie geglückt, ja wie bedeutend etwas sein kann, was man im Vorbeigehen nur so obenhin als »französische Renaissance« *(Art Institute),* als »Italien, Quattrocento« *(Orchestra Hall)* oder als »römischen Palast mit üppigen Jugendstil-Mosaiken« *(Public Library)* abstempeln würde – und man begreift, daß man wohl doch ein bißchen auf dem Holzweg gewesen ist, wenn man geglaubt hatte, Chicago als baugeschichtliches Ereignis, das sei eben der Sieg der revolutionären Architektur »unserer Zeit« über die alten Zöpfe und nichts weiter. Meister Condit läßt gelten, was als geschichtlich begründet und durch Qualität überzeugend einen Anspruch auf Geltung hat, auch das *Field Museum of Natural History* im südlichen Vorgartengelände, das mit seinen langen dorischen Säulenfronten eine Fläche von beinah fünf Hektar Baugrund umgrenzt, auch das ihm gegenüber hart am Wasser gelegene *John G. Shedd Aquarium* von 1929, das man unter einer altgriechischen Giebelfront durch eine auf vier wiederum dorischen Säulen ruhende Eingangshalle betritt. Kaum abzusehen, was da in diesem Vorfeld von Chicago zwischen Michigan Avenue und Seefront, wo die Stadt glänzen und repräsentieren will, was da alles versammelt ist, um bildungshungrigen und kunstbeflissenen Zeitgenossen zur Verfügung zu stehen. Mr. Condit hebt seine Hände, zwei stark behaarte Riesenpratzen, mit denen man auf dem Flügel gut und gern seine anderthalb bis zwei Oktaven würde greifen können, und läßt sie eine energisch zusammenfassende und besitzergreifende Geste beschreiben. Es handelt sich offenbar um eine ganz einzigartige Situation. Der Teufel, sagt er, solle ihn holen, wenn nicht dies hier das größte, älteste und architektonisch eindrucksvollste Kulturzentrum der Vereinigten Staaten sei.

Ein Prachtkerl, dieser Condit. Er hat etwas sympathisch Ungeschlachtes und Haudegenhaftes in seiner Erscheinung, wenn man ihn von der Bibliothek kommend mit vollgestopfter Büchertasche und immer sehr beeilt über den Campus stampfen sieht, hutlos, mit rötlich-windgebeiztem Gesicht und einem widerborstigen weißen Haarschopf über der Stirn. Sitzt man ihm gegenüber, so treten bäuerliche Züge hervor. Man könnte ihn sich als Imker vorstellen oder als einen Schafhirten im schottischen Hochland. (Er hat, sagt er, schottisches, französisches und deutsches Blut.) Dabei hat er nichts eigentlich »Gemütliches« an sich, das merkt man schnell. Seine Rede ist rauh und ein wenig bitter. Mit sechs Sätzen erledigt er eine ganze Subkultur von schönrednerischer Chicago-Propaganda, wie sie in den Informationsschriften und Werbeprospekten der Stadtverwaltung verbreitet wird, und die man in gewissen anspruchsvollen und doch konventionell geschriebenen Magazinartikeln wiederfindet, auch in den unzähligen Bildbänden, wie sie zur Zeit im Schwange sind. Immer dieselben Objekte im Blick und immer dieselben Ärgernisse im Dunkeln.

Merkwürdig, wie er die Ära Daley beurteilt: lustlos und skeptisch, als wäre das alles nur gewesen, um eine saftig blühende Stadtlandschaft mit einem »Fell aus Beton« zu überziehen. Offenbar jemand, der sich als ein Anti-Corbusier versteht, die Identität der Stadt nicht in ihrer Veränderlichkeit, sondern in ihrer geschichtlichen Gewordenheit erkennen will. Daher seine bärbeißig-melancholische Vorliebe für die *gay nineties,* die »lustigen«, selbstbewußten, unbedenklich luxurierenden neunziger Jahre, und das auf sie folgende Jahrzehnt. Freilich, das war die Zeit, in der Sullivan groß war, und die neuen epochemachenden Gedanken kamen aus Chicago, und damals war es auch, daß sie den Fluß umdrehten und den See quadratmeilenweise in Gartenland verwandelten, und die El wurde gebaut, und der Loop nahm Gestalt an. Ist er ein Konservativer? Ein »Grüner«? Ein Mensch, der das bessere Alte im Munde und das Prinzip Hoffnung im Schilde führt? Wie soll man es sich sonst erklären, daß das Problem der verwaisten Parks ihn so hartnäckig beschäftigt, die Vertreibung der Bürger aus den öffentlichen Gärten durch die endemische Angst, das heißt aber: durch die eigene Schuld? Mr. Condits Prinzip Hoffnung läßt sich konkretisieren: als geschichtliche Erinnerung, als ein allen Menschen eingeborener Wunschtraum, aber auch als das Thema einer ökologisch bewußten Stadtplanung. Es ist, mit einem Wort, der vor mehr als 140 Jahren in das Stadtwappen eingeschriebene Wahlspruch der Gemeinde Chicago: *urbs in horto,* Stadt in den Gärten. Ich höre darin ein Echo, ein fernes und leicht asymmetrisches Echo auf jenen Hoffnungsschrei der »schwarzen Gemeinschaft«, der auf den Steinquadern der Deiche von Evanston oft und oft zu lesen ist: *Soul Surviving City* – Stadt, in der SEELE überlebt. Ein Echo, das übersetzt, Weltliches und Geistliches verbindet.

Register

Adams Street 20
Adler, Dankmar 20
Al Capone *39,* 46, 74
Altgeld, John Peter 48, 93
American Risorgimento 56
Anderson, Margaret 66, 68–70
Anderson, Sherwood 54
Andersonville 16
Armory Show 67
Armour, Philip 22, 24
Armstrong, Louis 56, 70–75, 77f.
Art Institute 23, 28, 43, 95
Auditorium Theatre *60,* 67
Austin 17

Baker, Dorothy 76
–, »Young Man with a Horn« 76
Beame, Abraham 9
Bechet, Sidney 71
Bergson, Henri 67
Beiderbecke, Bix 75f.
Bellow, Saul 41
–, »Die Abenteuer des Augie March« 41
Bernhardt, Sarah 50
Berton, Ralph 76f.
Bilandic, Michael 79
Bismarck, Otto von 6
blighted area 17f.
Board of Trade Building 26
Bolden, Buddy 71, 77
Brecht, Bertolt 46f.
–, »Der aufhaltsame Aufstieg des Arturo Ui« 46
–, »Die heilige Johanna der Schlachthöfe« 46
–, »Im Dickicht der Städte« 46
Buckingham-Brunnen 91
Bugs-Moran-Bande 46
Burnham, Daniel H. 20f., *59*
Byrne, Jane 79

Carter, Jimmy 10, 79
Calder, Alexander 29
–, »Flamingo« 29
–, »Mobile« *88*
Carl Sandburg Village 7
Chagall, Marc 29
–, »Die vier Jahreszeiten« 29
Chicagoer Renaissance 56
Chicagoer Schule 20, 95
Chicago's Picasso 28
Chicago Symphony Orchestra 93
Cicero 17, 30
Circle Campus 11, 90
City Hall 19, 52
Clark Street 46
Cleveland, Stephen Grover 45
Columbianische Weltausstellung 15, *36*
Condit, Carl 20, 95f.
Cook County 28
County Building 28
Cowley, Malcolm 68
Crane, Hart 68

Daley, Richard J. 10–13, *38,* 42, 79, 96
Daley (Civic) Center 28
Daley Plaza 29
Dan Ryan Expressway 24
Dearborn Street 21
Débussy, Claude 50
–, »Pelléas und Mélisande« 50
Diversey Parkway 92
Dodds, Johnny und »Baby« 73
Dreiser, Theodore 54f.
–, »Amerikanische Tragödie« 54
–, »Schwester Carrie« 55
Duchamps, Marcel 67
–, »Akt, eine Treppe herabsteigend« 67

East Chicago 13
Eduard VII. 13
Eliot, Thomas Stearns 65f., 68
–, »The Love Song of J. Alfred Prufrock« 68
Ellmann, Richard 70
Evanston 13

Farm-in-the-Zoo 91
Federal Court Building 21, 29, 49
Fermi, Enrico 18
Field Museum of Natural History 95
Fine Arts Building 67
First National Bank 21
First National Bank Plaza 29
Fort Dearborn 5, *33,* 42
Foster, George B. 55
Freud, Sigmund 69
Frost, Robert 65

Garden, Mary *38,* 50
Gary (Stahlwerke) 13
Gershwin, George 76
Glessner House 17
Goethe-Monument *40,* 92
Goffin, Robert 56

Goldküste von Chicago 17
Goodman, Benny 78
Graceland-Friedhof 22
Grande Corniche 89
Grant Park 91
Grant, Ulysses 91
Gropius, Walter 21
Großes Feuer 6, 9, 16, 32, *34,* 42, 80

Hahn, Hermann 93
Hamilton, Alexander 93
Hammond 13
Haymarket Square *35,* 47, 49
Heap, Jane 69
Hemingway, Ernest 65, 68
Highland Park 14
Hildebrand, Adolf von 93
Hilton Hotel 43
Hines, Earl 73
Hoffmann, Julius 49
Holiday, Billie 77
Home Insurance Building 20, *57*
Humboldt Park 17

Illinois Institute of Technology 21

Jackson Boulevard 26
Jackson Park 18
John G. Shedd Aquarium 95
John Hancock Center 12, 52, *64*
Johnson, Lyndon B. 10
Joyce, James 65, 68–70
–, »Ulysses« 68–70

Kaulbach, Friedrich August von 50
Kemper Insurance Building 31
Kennedy, John F. 10
King, Martin Luther 11

Lake Calumet Harbor 8
Lake Forest 14, 75
Lake Michigan 9
Lake Shore Drive 50, 89
Lake Shore Drive Apartments 21, *62*
Lake Street 19
La Salle Street 20
La Villa Chiquita 16
Le Baron Jenney, William 20, *57*
Lexington Hotel 43, 45f.
Lincoln Park 91f.
Lindsay, John 9
Lindsay, Vachel 54, 67
Little Review 66–69
Little Village 16
Loop, The 19–25, 28–30, 47, 75, 96
Lyric Opera 31

Madison 23
Madison Street 20
Magnificent Mile 23
Man Ray 66
Marina Towers 12, *63,* 90
Marshall Field 22–24
Marshall Field & Co. 23
Masters, Edgar Lee 54
–, »Spoon River Anthology« 54
McCormick, Chauncer 23
McCormick, Cyrus 22
McCormick, Edith Rockefeller 50
McCormick, Harold 51
Mencken, Henry Louis 53ff.
Metropole Hotel 43
Michigan Avenue 12, 19, 43
Midway Plaisance 17
Mies van der Rohe, Ludwig 21, *62*
Monroe, Harriet 65ff.
Moore, Henry 18
–, »Kernenergie« 18
Moore, Marianne 68

Navy Pier 8, *59,* 80
Near North Side 17
New Michigan Hotel 43f.
New Orleans 71f., 74f., 77f.
Nietzsche, Friedrich 55
Northwestern University 13, 52

Ogden, William Butler 5
O'Hare 7, 89
Oldenburg, Claes 30
–, »Batcolumn« 30
Oliver, Joe »King« 71f.
Orchestra Hall 93, 95
Ory, Kid 73

Palmer House 23
Pilsen 16
Poetry 52, 56, 65, 67, 69
Potter Palmer 22
Potter Palmer, Mrs. 50
Pound, Ezra 56f., 65, 69
Prairie Avenue 16
Prairie House 21
Prudential Building 42
Public Library 43, 95
Pullman, George 22

Quinn, John 70

Rathenau, Walther 22
Robie House 18, *61*
Rookery 21, *81*

Sandburg, Carl 6f., *38,* 50–52
–, »Chicago Poems« 6, 52
Schlachthöfe 10, 22, 24, 46, 50, 54, 68, 75, *84*
Sears Tower 9, 12, 80, *85,* 89
Sheridan, Philip 6
Sinclair, Upton 50, 68
Singleton, Zutt 73
skid row 31, 80
Smith, Bessie 77f.
Social Security Administration Plaza 30
Solti, Georg Sir 93
Soul Surviving City (S.S.C.) 44, 97
speakeasies 74
Spies, August *35,* 47f.
Standard Metropolitan Statistical Area 13
Standard Oil Building 42
Standbilder 91
State Street 19
Stein, Gertrude 68
Stevenson, Adlai 10
St. Lawrence Seaway 8
Storyville 71f., 74
Sullivan, Louis 20f., 43, *60*

Tagore, Rabindranath 65
The Congo 54
The Second City 9, 12, 55
Thomas, Theodor 93
Thompson, Big Bill 45
Tietjens, Eunice 67
Trumbauer, Frankie 76

Union Stockyards 24
University of Chicago *37*

van Buren Street 19

Wabash Avenue 19
Wasserturm 29
Water Tower Place 24, *86*
Wells Street 19
Wentworth, Long John 13
West Town 17
Windige Stadt 6, 15, 53
Whitman, Paul 76
Whitman, Walt 7, 51, 68
Wilder, Thornton 18
Wolverines 76
Woodlawn 17f.
World Trade Center 12
Wright, Frank Lloyd 18, 21, *61,* 67f.
Wrigley Building 42

Yeats, William Butler 65

Zoo 91

Bildnachweis: Amerika Dienst, Bonn–Bad Godesberg: S. 63 (Foto: AD). Amerika Dienst, München: S. 61 oben (Foto: USAD, Bad Godesberg), 62 oben (Foto: USIS, Bad Godesberg). René Burri, Zürich: S. 39 unten, 61 unten, 64, 81–88. Chicago Association of Commerce and Industry, Chicago: 59 oben. Chicago Historical Society, Chicago: S. 33–35, 36 (Foto: C. D. Arnold), 37 (Foto: Fred Fuller), 38, 40, 57, 58, 59 unten, 60 (Foto unten: J. Sherwin Murphy), 62 unten (Foto: Sigmund J. Osty), Vorsatz, Nachsatz. Süddeutscher Verlag, Bilderdienst, München: S. 39 oben.
Die Wiedergabe der Abbildungen erfolgte mit freundlicher Genehmigung der Rechteinhaber.

Schutzumschlag: *Chicago's Picasso* vor dem *Richard J. Daley Center.* Das Modell der Skulptur (1967) war ein Geschenk des Künstlers an die Stadt.

Vorsatz und Nachsatz: Das Stadtwappen von Chicago in ursprünglicher Gestalt. Denkspruch zur 200-Jahr-Feier der Vereinigten Staaten im Jahre 1976.

I Will
The Spirit of
Chicago